Roswitha Quadflieg

Neun Monate

aufbau

Roswitha Quadflieg

Neun Monate

Über das Sterben meiner Mutter

Für Eva & Frank,
beim Wiedersehen
18/11/2014
Auf das Leben!
Sehr herzlich
von Roswitha

aufbau

FSC
www.fsc.org
MIX
Papier aus verantwortungsvollen Quellen
FSC® C083411

ISBN 978-3-351-03414-6

Aufbau ist eine Marke der Aufbau Verlag GmbH & Co. KG

1. Auflage 2014

Einbandgestaltung hißmann, heilmann, Hamburg
Typographie Isabella Heine
Druck und Binden CPI – Clausen & Bosse, Leck
Printed in Germany

www.aufbau-verlag.de

Das Einzige, was ich bedaure, ist, dass ich nicht jemand anders bin.

Woody Allen

Der Stein der Weisen sieht dem Stein der Narren zum Verwechseln ähnlich.

Joachim Ringelnatz

Erster Monat

Wir sind im Suq. Eingetaucht und mitgerissen von diesem scheinbar niemals versiegenden Strom eiliger Schritte, Stimmen, Rufe, klappernder Pferdekarren, Mopeds, der sich durch die vielen viel zu engen Gassen zwischen Buden, Ständen und prächtigen Läden zwängt, hin und wieder stockt, staut, den ausspuckt und verstößt, der beiseitetritt und schaut.

Seit zwei Tagen sind wir hier. Nach nicht mal drei Stunden Flug und zwei Stunden Wartezeit in der Ankunftshalle, bis auch unsere Pässe endlich von einem dieser kleinen, finster hinter ihren Pulten lauernden Beamten abgestempelt waren. Gelandet auf einem »anderen Stern«.

Marrakesch.

Auf dem Vorplatz des Flughafengebäudes hatten wir unseren Fahrer gefunden, waren eingestiegen und am Knotenpunkt der Stadt, dort, wo der *Djemaa el Fna* den ausspeit, der genug von ihm hat, und jene einsaugt, die sich nicht wehren, wo der Lärmpegel am höchsten ist, aus dem Fahrzeug gesprungen.

Zwei junge Männer hatten unsere Koffer auf eine Handkarre geworfen und waren damit in den Rauchschwaden der Garküchen verschwunden. Wir ihnen nach, durch die lärmende Menge, vorbei an Gauklern und Schlangenbeschwörern.

Noch am Morgen hatten wir uns im beschaulichen Freiburg von einer Freundin verabschiedet und dann? Zahnlose Münder, irre Augen, Kopftücher, Feze, rhythmisches Trommeln, Gerüche, die wir nicht kannten, Bitten, die wir nicht verstanden. Scharen von Kindern, deren dürre Arme uns Päckchen mit Tempo-Taschentüchern entgegenstreckten.

In einer Seitengasse – nie hätten wir uns allein dorthin getraut – hatte sich eine schmale Holztür vor uns aufgetan. Wir waren eingetreten, willkommen geheißen von freundlichen Menschen. Ein Riad. Ein Zimmer in Blau. Ein Bett. Ein warmes Essen.

Kein Fenster.

Husten. Wir haben eine Erkältung aus Deutschland eingeschleppt und wahrscheinlich den Hausherrn wie die anderen Gäste in den beiden ersten Nächten um ihren Schlaf gebracht. Die Türen schließen nicht. Alle Geräusche teilen sich mit. Unerbittlich.

Vogelgezwitscher am Morgen hatte uns geweckt. Und die Muezzin. »Allahu akbar!« Fünfmal am Tag hören wir sie jetzt. Aus allen Himmelsrichtungen. Egal, ob Migräne den Schädel sprengt und dringend mehr Schlaf gebraucht wird: »Allahu akbar!« Gott ist größer! und kennt kein Erbarmen.

Ein Kundiger hatte uns durch die Stadt geführt. Jetzt finden wir uns zurecht, unterscheiden die Gassen, erinnern uns an die Wege hinein und hinaus aus dem Suq. Staunen, riechen, betasten. Handeln ein wenig. Kaufen. Eine Kachel, eine ovale, aus Weißblech getriebene Seifenschale.

Und plötzlich, mitten im Suq, klingelt mein Telefon.

»Ihre Mutter ...«

»Was!?«

Die Verbindung ist schlecht, ich kann die weibliche Stimme an meinem Ohr kaum verstehen, suche mir einen Platz mit besserem Empfang und höre von der Hausdame der Hamburger Residenz, in der meine hochbetagte Mutter seit fünf Jahren lebt, dass diese sich im Keller verkrochen habe, sich nicht mehr in ihre Wohnung traue, weil angeblich überall im Haus Spitzel seien. Sie erkenne keinen mehr und lasse niemanden an sich heran.

»Verstehe«, sage ich, ich müsse kurz nachdenken, wie ich jetzt was organisiere, ich sei gerade weit weg. »Marrakesch, ja.«

Und dann stehe ich da, mitten im Suq, um mich der Lärm der Händler, Musik, schaue mich um – was für Augen und Gesichter – und denke: Und warum eigentlich nicht? Warum sollte sich denn nicht auch meine Mutter mal anders benehmen dürfen als sonst, unerhört, verstörend, laut. So wie die Menschen hier. Wer eigentlich stellt die Normen auf? Wer bestimmt das Maß dessen, was sich gehört? Und was ist Wirklichkeit? Freiburg, Hamburg oder Marrakesch? Diese Stadt, in der es keine Sozialversicherung gibt, in deren Zentrum keine Ampeln den Verkehr regeln. An deren Straßenrändern Kranke und Verwirrte hocken, ohne dass irgendjemand Anstoß daran nimmt. Auf deren Plätzen, von ihren Enkeln oder Söhnen täglich ausgesetzt, zerlumpte Blinde ununterbrochen ihre Krückstöcke mit kleinen Plastikschalen traktieren. Tok, tok! Tok, tok! Horcht auf, schaut her, werft Geld ein! Eine Stadt, auf deren größtem Platz, von der UNESCO zum Weltkulturerbe ernannt, jeden Tag, wenn die Sonne sinkt, ein Markt aufgebaut wird, auf dem man handelt und stiehlt, weissagt und Schlangen beschwört, isst und trinkt. Und auf dem sich, wenn es ganz dunkel geworden ist, *die Toten versammeln, die Geköpften.* Was genau *Djemaa el Fna* bedeutet, ist strittig. Ein Platz, auf dem man Geschichten erzählt.

Ist denn nur zulässig, denke ich, was den Normen eines von A bis Z durchorganisierten Deutschlands entspricht? Die Welt ist so unendlich groß, so bunt und reich durch Unterschiedlichkeit. Lasst meine alte Mutter doch im Keller sitzen, lasst sie randalieren und schreien! Warum, verdammt noch mal, darf denn diese meist freundlich lächelnde Dame – »Markenzeichen« Handtasche, Hut und Goldreif – nicht wenigstens ein Mal in ihrem Leben diese wohlanständige Fassade sprengen, das Visier fallen lassen, aus der Haut fahren. Ehe es zu spät ist. Ehe ihr Leben vorbei ist.

Aber schon im selben Moment korrigiere ich mich. Nein! Was, um Himmels willen, mag geschehen, was meiner armen Mutter widerfahren sein? Warum verhält sie sich plötzlich so?

Wie froh war ich, als sie sich vor fünf Jahren entschlossen hatte, das ihr zu beschwerlich gewordene Haus zu verkaufen und stattdessen in diese Residenz zu ziehen. In ein Zweizimmerappartement, Küche, Bad, Balkon. So lange wie irgend möglich wollte sie sich noch selbst versorgen. Das Konzept mit integriertem Hotel – hier kamen und gingen täglich neue Leute – hatte sie überzeugt, hier herrschte ein freundlicher Umgangston, es gab ein kleines Theater und ein Schwimmbad.

Nicht unwesentlich zu ihrer Wahl beigetragen hatte jedoch die Tatsache, dass wir beim ersten Rundgang durch die Anlage im sogenannten Kaminzimmer auf ein Foto in schwarzem Rahmen gestoßen waren, daneben eine brennende Kerze. Lange hatte meine Mutter sich das fremde Gesicht im Rahmen angesehen und gemeint, hier werde der Tod jedenfalls nicht verdrängt, hier wolle sie gern ihre letzten Lebensjahre verbringen. Und jedes Mal, wenn ich nach einem Besuch bei ihr durch die langen, mit Teppichboden ausgelegten und musikbeschallten Flure zum Ausgang lief, spürte ich wieder diese Erleichterung: Sie hatte sich diesen Ort selbst ausgesucht. Sie war geborgen! Der Erlös des Hausverkaufs würde noch für etliche Jahre ausreichen, um das ihr rasch lieb gewordene Appartement zu halten. Ihr konnte nichts mehr passieren.

In unserem letzten Telefongespräch vor meiner Abreise hatte sie mich gefragt, ob ich denn nicht die Feuerwehr höre, in Hamburg sei Orkan, die Brücken nach Lüneburg seien gesperrt, sie holten jetzt alle ab. Und ich hatte mir vorgenommen, sie bei meinem nächsten Besuch noch einmal darauf anzusprechen, um vielleicht herauszufinden, was sie mir eigentlich damit hatte sagen wollen. Aber ich hatte mich auch umgehend und gezielt nach einer Gesellschafterin für sie umgesehen. Meine diesbezüglich schon vor Monaten behutsam geknüpften Kontakte hatte meine Mutter schroff abgeblockt. Sie wolle ein freier Mensch bleiben!

Und jetzt?

Ich wähle die Nummer einer Hamburger Freundin, einer Ärztin. Vielleicht, so hoffe ich, kann sie mal nach meiner Mutter sehen. Aber ihr Mann sagt, sie sei nicht zuhause, sie werde zurückrufen. »Ich bin gerade im Suq« schreie ich.

»Wo?«, fragt er. Die Verbindung bricht ab.

Mein Neffe und seine Frau! Sie wohnen ganz in der Nähe der Residenz und sind immer vor Ort, wenn mal wieder »Not am Mann« bei der Großmutter ist, wenn der Computer spinnt, wenn die Druckerpatronen leer sind, wenn dies, wenn das.

»Bleibt, wo ihr seid!«, sagen sie. »Wir regeln das. Ihr könnt euch auf uns verlassen.« Und machen sich auf den Weg.

Also gut, denke ich, warten wir's ab, in ein paar Stunden wird der Spuk vorbei sein. Meine Mutter ist trotz ihrer zweiundneunzig Jahre eine noch immer fitte Frau. Alles wird gut. Wild herumzutelefonieren nützt jetzt gar nichts.

Und weiter durch die Gassen des Suq. Wie in Trance.

Wieder klingelt mein Telefon. Mein Neffe und seine Frau. Sie sind jetzt bei ihr. Tatsächlich, ihr Zustand sei alarmierend. Zwar hätten sie die alte Dame immerhin nicht mehr im Keller, sondern im Restaurant, aufmerksam alles um sich herum belauernd, an einem leeren Tisch sitzend, vorgefunden, jedoch habe sie ihnen, sobald sie in Sichtweite gekommen seien, zugerufen: Versteckt euch, sonst müsst ihr sterben! Als sie sich ihr dennoch genähert hätten, sei sie außer sich geraten, habe um sich geschlagen und gespuckt. Gerade seien sie bemüht, eine Zwangseinweisung abzuwenden.

»Was?«, schreie ich.

Ja, sie werde gefährlich für sich und andere. Jegliche Kontrolle sei perdu. Kein Mensch wisse, was sie anstelle, wenn man sie allein lasse. Jeder Gegenstand habe für sie jetzt offenbar die Bedeutung gewechselt, jeder Mensch sei für sie ein anderer geworden, von allem und jedem fühle sie sich bedroht. Irgendwer trachte ihr nach dem Leben, weil sie etwas gesehen habe, wovon niemand außer ihr wisse. Die Teewagen im Restaurant seien jetzt Transportwagen von Kameras, die alles, was sich im Haus abspielt, aufnehmen, der Leiter der Residenz, unendlich enttäuscht sei sie von ihm, sei der Oberspitzel. Niemals wieder möchte sie ihn sehen!

Und wie sehr hatte sie ihn geschätzt, denke ich.

Die Verständigung mit ihm liefe jetzt nur noch per Handzeichen, was nicht ganz einfach, aber einigermaßen hinzukriegen sei, wenn er sich hinter der Palme im Eingangsbereich des Restaurants verberge. »Gerade ist es uns gelungen, ihr mit ein paar Tricks die Tabletten einzuflößen, die der Hausarzt verschrieben hat. Sie wird jetzt ruhiger.«

»Kann ich sie kurz sprechen?«, frage ich, höre eine raue Stimme. Eine wirre Suada. Begreife nichts, versuche meine Mutter zu beruhigen. »S. und M. sind bei dir, du brauchst keine Angst zu haben!«

Als hätte ich eine Ahnung davon, wovor sie sich fürchtet! Ich lege auf.

Kurze Zeit später telefoniere ich erneut mit den beiden, und wir beratschlagen, wie es weitergehen soll. »Stellt den Herd ab!«, sage ich. »Bereits geschehen«, sagen sie. Auch alles andere hätten sie, so gut es gehe, abgesichert. Jetzt hofften sie darauf, dass die Tabletten weiter ihre Wirkung täten und die alte Dame immerhin so weit wieder zu sich käme, dass sie wenigstens noch übers Wochenende in ihrer Wohnung, in ihrer vertrauten Umgebung würde bleiben können. Grausam, die Vorstellung, sie in Zwangsjacke per Krankenwagen abtransportieren zu müssen. Wenn ihr Plan aufgehe, würden sie am Montag den ganz normalen Weg per Einweisung mit ihr ins Krankenhaus nehmen. Für drei Nächte sei ein Pflegenotdienst alarmiert.

Wir verlassen den Suq. Der vor einer Stunde über dem *Djemaa el Fna* noch golden glühende Himmel ist dunkel geworden. Versammeln sich hier – um uns – jetzt die Toten? Wir stellen uns in einen Kreis junger Männer, geschart um einen Geschichtenerzähler. Hören, was aus dem zahnlosen Mund des Greises kommt. Offenbar spannende Geschichten. Staunen. Folgen den uns unverständlichen Worten wie einer kehlig klingenden Melodie.

Über den Dächern des Suq blinken Satellitenschüsseln, doch hier sehe man nur fern, wenn WM sei, hatte man uns gesagt.

Immer mehr junge Männer versammeln sich. Gebannt von den Gesten des Alten, den Grimassen, die sein gezacktes Profil ins Halbdunkel schneidet, seinen stechenden Augen, mit denen er Einzelne aus der Menge pickt, zu sich zieht, sie vorführt und zurückstößt! Plötzlich verstummt er – alle im Kreis halten den Atem an –, aber nur, um gleich darauf in ein noch wilderes Laute-Crescendo auszubrechen.

Irgendwann wird es kühl, Mitte Oktober ist es auch in Marrakesch nachts nicht mehr heiß. Wir kaufen ein blaues Tuch und suchen einen der Stände auf, an denen man gefahrlos essen kann, wie man uns versichert hat. Gefahrlos für Europäer. Und landen unter Touristen. Klar. Auch wir sind Touristen. Dass H. ein paar Brocken Arabisch spricht, mit denen er allzu dreiste Händler abzuwimmeln weiß, ändert nicht das Geringste daran. Auch wir gehören zu denen mit den Fotoapparaten. Zu denen, von denen die Hiesigen leben. Die sie dulden, weil sie leben wollen. Die sie nicht mögen, denen sie misstrauen, weil sie ihnen völlig fremd sind.

Dann noch einmal zurück in den Suq. In den Strom. Irgendwann schere ich aus, setze mich in den Eingang eines Getränkekiosks, lehne mich zurück, halte die Kamera hoch und lasse sie laufen. Bis der Akku leer ist.

Monate später schaue ich mir an, was die kleine Kamera aufgezeichnet hat. Erinnerungen an die Tage, in denen im damals so fernen Deutschland eine alte Frau ihre Wanderung durch das »Irgendwo« antrat, wohin ihr zu folgen unmöglich war, wo ihr Besuche abzustatten zum Abenteuer geriet. Sowohl für den Besucher als auch für sie selbst.

»Noch eine Karre, bitte!«, höre ich mich auf einem der kurzen Videos sagen. Aber so spät in der Nacht kreuzten den Menschenstrom keine Karren mehr.

Neun Monate dauerte die Wanderschaft meiner Mutter, ehe sie losließ und »zu Gott einging«, wie sie es nannte. Neun Monate, in denen ich immer wieder an ihrem Bett saß, ihr zuhörte, mir Notizen machte, die Kamera hochhielt wie ein Tourist im Suq oder auf dem *Djemaa el Fna*, um festzuhalten, was ich hörte und sah, um zu bewahren, was sie fast ununterbrochen »sendete« und was sie, und das war das eigentlich Kuriose, ganz offensichtlich bewahrt haben wollte. Wie oft fragte sie mich: »Hast du das?« Und ich nickte ihr zu, schloss sie in meine Arme und hatte nicht die geringste Ahnung, wovon hier die Rede war.

Sechs Monate nach unserem Besuch in Marrakesch sprengt ein Selbstmordattentäter das Café Argana in die Luft, eines der beliebten Touristencafés am weltberühmten Platz, vierzehn Menschen finden den Tod. Marokkanische Politiker vermuten einen nordafrikanischen Al-Qaida-Ableger hinter dem Anschlag.

Wir haben dieses Café nie besucht, es nur von außen gesehen, uns lieber in die Cafés der Marokkaner gesetzt. Brauchte es auch hier eine Revolution? Wir haben keine Ahnung von den eigentlichen Verhältnissen in diesem Land. Von dem, was man unter Fezen und Kopftüchern denkt. Auch wir, wie alle Touristen, wollten nur mal kurz vorbeischauen und für ein paar Tage und Nächte in »Tausend und eine Nacht« schwelgen.

Am nächsten Tag Mails von S. und M. Ich schreibe zurück, versuche, soweit es geht, zu verfolgen, was sich gerade in dieser Hamburger Residenz abspielt. Der Leiter, lese ich, sei der Meinung, dass der Zustand meiner Mutter ganz sicher von traumatischen Erlebnissen während des Krieges und der Nazizeit herrühre. Das kenne er von den alten Leuten, irgendwann hole ihre Vergangenheit sie ein. Ist das so? Könnte das auch auf meine Mutter zutreffen? Was weiß ich von ihrer Vergangenheit?

Zwei Jahre vor Beginn des Zweiten Weltkriegs war sie, 1917 in der Residenzstadt Växjö in die schwedisch-livländische Adelsfamilie Posse-v. Vegesack geboren, nach Berlin gekommen und hatte ihr Medizinstudium an der Charité aufgenommen. Liiert mit einem jungen Deutschen, dem sie im Sommer 1933, während eines Aufenthalts mit ihrer Mutter auf Capri, begegnet war. Will Quadflieg. 1937 hatte er bereits die ersten Hürden seiner Schauspielkarriere genommen und war an der Berliner Volksbühne engagiert. Am 31. Juli 1940 heirateten sie, noch im selben Jahr wurde ihr erstes Kind geboren. 1942 ihr zweites.

Danach brach sie ihr Studium ab und bangte wohl nicht selten – wie sie mir so manches Mal erzählt hatte – zusammen mit ihren beiden Kindern im Luftschutzkeller um ihren Mann, der nach der Vorstellung durchaus auch mal Umwege über Wohnungen von Kolleginnen nahm. Er wurde nie zur Wehrmacht eingezogen, er konnte schlecht sehen, er hatte Probleme mit den Knien. Er rezitierte Gedichte, spielte und spielte, ab 1940 große Rollen am Schillertheater, das dann bei einem Luftangriff im November 1943 völlig zerstört wurde. Die Familie, samt der aus Schweden zugereisten Schwiegermutter, wurde für kurze Zeit nach Matschdorf in Brandenburg evakuiert.

Was wusste meine Mutter von den Nazis?

War es ihr, als Ausländerin, aufgefallen, dass jüdische Ärzte von der Charité verschwanden? War in Seminaren oder auf Korridoren darüber geredet worden?

Nach der Hochzeit war dem jungen Paar eine prächtige Wohnung zugewiesen worden, in der es Messingtürgriffe in Form geschwungener nackter Frauenkörper gab. Hin und wieder hatte meine Mutter mir diesen für sie nicht nachvollziehbaren obszönen Luxus geschildert, sich dabei aber offensichtlich nie klargemacht, dass es sich eindeutig um eine Wohnung reicher vertriebener Juden gehandelt hatte. Was von dem ganzen Wahnsinn überhaupt war bis zu ihr gedrungen? Sie war verliebt, war glücklich, dass ihre herrschsüchtige Mutter sie endlich nach Deutschland hatte übersiedeln lassen, sie wollte Ärztin werden, wurde Mutter. Bis zu deren Verbot hatte sie Arbeitskreise eines in Berlin damals berühmten anthroposophischen Arztes besucht und sogar ihren Mann dorthin geschleppt. Eine Zeitlang soll er sogar erwogen haben, zu wechseln und wie sie Medizin zu studieren. Sie waren keine Widerständler. Einmal hatte Will vor einer Rezitation die Hakenkreuzfahne, die über jedem Rednerpult hing, entfernt. Sie hatte gebangt – ihm war nichts passiert.

Anfang April 1945, kurz bevor die russischen Panzer Berlin erreichten, hatte meine Mutter – hochschwanger – Abschied von ihrem Mann genommen, sich zusammen mit ihren beiden Kindern einem von Graf Folke Bernadotte organisierten Transport anschließen können und so, wenige Tage vor der Entbindung ihres dritten Kindes, ihre Heimat erreicht. Ihre Verwandten auf dem großen Gut in Bergkvara nahmen sie auf, ein schwedischer Arzt weigerte sich, die Entbindung vorzunehmen, weil der Vater des Kindes Deutscher war. Schließlich half ihr ein ebenfalls aus Deutschland geflüchteter Arzt jüdischer Abstammung. Erst 1947 kehrte sie zurück. Ihr drittes

Kind sah seinen Vater mit zwei Jahren zum ersten Mal – und fürchtete sich vor dem fremden Mann.

Ich versuche mir vorzustellen, was ihr jetzt guttäte, maile: *Zeigt ihr die alten Fotos, die Familienalben liegen in der Kommode. Vielleicht beruhigen die?* Antwort: *Nur Grüße von Dir beruhigen sie.*

Die Internetcafés. Kleine schmutzige Buden, englische Tastaturen mit abgegriffenen, nur noch schlecht erkennbaren Buchstaben. Plärrende Lautsprecher. Gnadenlos dröhnen arabische Musik und Werbespots auf uns ein. Vorn an der Kasse weint ein Mädchen ins Telefon. Auch hier scheinen sich Dramen abzuspielen. Und zwischendurch immer wieder: »Allahu akbar!« Aus allen Himmelsrichtungen. Wie, um Himmels willen, soll ich mich da konzentrieren und Entscheidungen treffen darüber, was mit meiner offenbar von einem Tag auf den anderen völlig hilflos gewordenen Mutter im ach so fernen Deutschland geschehen soll?

Noch vor kurzem hatte sie E-Mails geschrieben, Dokumente gescannt oder ausgedruckt, kleine Artikel für heilpädagogische Fachzeitschriften verfasst, Fachliteratur gelesen, sich mit neuen Forschungsergebnissen über Spiegelneuronen beschäftigt. Noch immer hatte sie regen Anteil an der Arbeit des Heilpädagogischen Instituts genommen, das sie Mitte der siebziger Jahre mit einem Kreis von Ärzten, Psychologen, Heil- und Sozialpädagogen gegründet und ein paar Jahre noch selbst geleitet hatte.

Schon ihre Mutter hatte sich für Reform- und Heilpädagogik interessiert, Anfang der dreißiger Jahre an einer Schule in Stuttgart hospitiert, auf dem von ihr zuletzt bewohnten kleinen Gut in Schweden Kinder mit unterschiedlichen Behinderungen betreut. Und meine Mutter hatte sich diesen Impuls zu eigen gemacht, ihn nach ihrer Scheidung Anfang der sechziger Jahre – Ärztin hätte sie damals nicht mehr werden können, dafür war sie inzwischen zu alt – mit ihrem medizinischen Wissen kombiniert, sich zur Heilpädagogin ausbilden lassen, eigene Therapiemethoden entwickelt. Während der letzten Jahre ihres Berufslebens hatte sie sogar ein Buch darüber verfasst. Über den Umgang mit *ungewöhnlichen* Kindern, wie sie ihre Zöglinge bezeichnete.

Lasst Euch nicht den Urlaub verderben, wir haben alles im Griff, schreiben S. und M.

Schlaganfall?, frage ich.

Noch weiß niemand, was eigentlich los ist, antworten sie.

Ein paar Merkwürdigkeiten fallen mir ein. Also doch ein schleichender Prozess? Ein Abbau, den sowohl ich als auch viele andere nicht hatten wahrhaben wollen? Oder waren die Verantwortlichen in der Residenz zu diskret gewesen, uns, die Angehörigen, über zunehmende Auffälligkeiten zu informieren? Dreimal innerhalb der letzten sechs Monate hatte ich meiner Mutter neue Scheckkarten besorgt. Die erste ging verloren, die Geheimnummer der zweiten wurde von dem betrügerischen Händler eines Kunsthandwerkermarkts geknackt, der Umschlag mit der PIN-Nummer der dritten traf angeblich nie bei ihr ein. Irgendwann hatte sie kundgetan, dass sie jetzt keine Tageszeitung mehr lese, weil immer nur das Gleiche darin stehe. Die meisten Leser hätten ihre Abos bereits storniert, mit dem Springer-Konzern gehe es rapide bergab.

Später stellte sich heraus, dass sie die jeweils neue Zeitung sofort nach Empfang in den Papierkorb gesteckt und täglich nur in ein und derselben alten Ausgabe geblättert hatte. Einigermaßen beunruhigt hatte mich ihre Aussage, dass bei ihr jetzt häufig Clownerien im Gange seien, dass sie genarrt werde, vieles nicht mehr überschaue und deshalb alles nur noch schriftlich mache. Dann sei sie auf der richtigen Seite.

Mehrfach hatte ich mich gefragt, wie lange ich noch ihrem Willen entsprechende Entscheidungen für sie würde treffen können und wann die Zeit gekommen sein würde, mich darüber hinwegsetzen zu müssen. Weil ihr Wille nicht mehr »mit der Welt, in der wir leben«, in Einklang zu bringen war.

Nur einmal und nur für kurze Zeit hatte sie einen Pflegedienst in Anspruch genommen. In Anspruch nehmen müssen. So lange, bis ihre verstauchte Hand geheilt und das tägliche An- und Ausziehen der Kompressionsstrümpfe wieder allein, ohne fremde Hilfe, möglich war. Eine schlimme Zeit. Ärger und Missverständnisse auf beiden Seiten. Denn selbstverständlich kamen die Pfleger nie dann, wenn es ihr passte. Eines Tages hatte sie eine erboste Beschwerde abgefeuert, weil sie angeblich vergessen worden sei, und diese erst zurückgenommen, als man ihr hatte nachweisen können, dass sehr wohl jemand vom Team in ihrer Wohnung war, sie es also entweder nicht bemerkt oder vergessen hatte.

»Weißt du«, hatte meine Mutter zu mir am Telefon gesagt, »die sollten immer den Felix schicken! Den würde ich nie vergessen. Der redet nämlich mit mir.«

Am Abend eine neue Mail von S.: *Nach der zweiten Tablette gestern war sie viel zugänglicher, hat sogar etwas gegessen. Als wir gingen, war sie richtig gut drauf. Heute Morgen allerdings fanden wir sie in einem erbärmlichen Zustand. Sie meinte, der Satan sei bei ihr und verlange, dass sie auf alles schlage, Türen, Wände, Bilder. Auch dass sie jetzt ständig um sich spucke, sei ein Befehl von ihm. Wenn sie abgeholt werde, müsse sie einen Test bestehen. Auf einem Zettel würden die fehlenden Worte aufleuchten, und sie müsse sie eintragen. Auto, das Wort habe sie noch nicht, wir sollten es aufschreiben! Auf das O käme es an. Oder Fisch, schnell, auf das F komme es an.*

Sie hat die Wecker verstellt, Gegenstände umgestellt oder im Schrank versteckt, damit der Satan sie nicht findet. In ihrer Wohnung schimmelt das Essen, die Obstfliegen ziehen ihre Kreise, niemand darf etwas aufräumen oder wegwerfen, weil der Satan es so wolle …

Was für Geschichten! Warum verstellt sie die Zeit? Bis vor wenigen Monaten war die alte schwedische Standuhr – das weiß gestrichene Gehäuse mit bunten Ranken und der großen Ziffer 1809 –, die sie vor mehr als vierzig Jahren, nach dem Tod ihrer Mutter, nach Deutschland geholt hatte, nicht nur ein Gegenstand von besonderer Ausstrahlung in ihrer sonst eher bescheiden eingerichteten Wohnung gewesen, sondern auch eine Mitbewohnerin, mit der sie Zwiesprache hielt, über deren Ticken sie wachte wie über den eigenen Herzschlag. Erst als ihr Gehör nachließ, sie das vertraute Geräusch nicht mehr wahrnahm, war sie nachlässig geworden, hatte das kleine Türchen nicht mehr geöffnet, die Kurbel nicht mehr angesetzt. So waren die schweren Gewichte tief unten im Bauch der Uhr hängen geblieben, und sie war verstummt, ein toter Gegenstand geworden.

Und jetzt? Was bedeutete meiner Mutter noch die Zeit? War für sie jetzt *eine neue Zeit* angebrochen?

Wir machen uns auf den Weg, laufen weit in den ärmsten, völlig anders anmutenden Teil der Stadt. Wollen den jüdischen Friedhof sehen. Gassen mit verfallenen Häusern, vor deren Eingängen auf kleinen, kaum als solche erkennbaren Verkaufsständen Zwiebeln, Kohl oder ein paar vertrocknete Strünke feilgeboten werden. Überall Dreck und Müll. Räudige Katzen.

In unserem Reiseführer sind auf den Seiten »Jüdischer Friedhof« prächtige Monumente zu sehen, hebräische Inschriften. Aber hinter der von Uniformierten bewachten Mauer bietet sich uns ein staubiges Feld mit kegelförmigen Erhebungen dar. Gräber wie kleine Hütten, von denen nur die Dächer aus dem Erdreich ragen. Reihe an Reihe. Mir scheint, als rieche es hier süßlich. Wir beobachten einen Vermummten, der neben einer der Erhebungen hockt, treten näher und haben plötzlich einen Schwarm schwarzer Insekten um uns. Ich schreie. Öffnet hier einer ein Grab und lässt die Pest frei? Wir fliehen, vorbei an den erstaunten Uniformierten, verfolgt von den immer aggressiver surrenden Tieren. Ich schlage um mich. »Das waren Bienen«, sagt H., nachdem die Verfolger von uns abgelassen haben und wir wieder zu Atem gekommen sind. »Der hat einen Bienenstock in einem der Gräber angelegt.« Mir wird schlecht.

Wir planen unseren nächsten Tag. Buchen einen Wagen samt Fahrer für eine Tour ins Gebirge. *Lalla Takerkoust See*, ein Berberdorf, Aussicht auf den *Mount Toubkal*, den höchsten Berg Nordafrikas. All das soll wunderschön sein.

Eine neue Mail von S.: *Heute Vormittag fanden wir sie auf dem Teppich vor ihrer Wohnung liegend, und auf die Frage, was sie mache, antwortete sie, sie gieße die Blumen. Auf ihrem Rollator stand eine Kerze, und als wir sie fragten, warum?, antwortete sie, sie habe sich während der Nacht mit dem Satan auf der Dachterrasse getroffen. Wir haben keine Ahnung, ob sie tatsächlich nachts mit dem Rollator auf der Terrasse war. Drückt die Daumen, dass sie jetzt zur Ruhe kommt und noch diese Nacht in ihrer Wohnung übersteht!*

Es reicht. Keinen einzigen Kilometer weiter nach Süden! Ich muss zu ihr! So schnell wie möglich.

Zu meinem Glück ist das für H. kein Problem. Im Gegenteil. Er hat großes Verständnis für meine Situation. Die Buchung klappt. Am nächsten Abend können wir zurückfliegen.

Wir kaufen ein: Eine kleine *Hand der Fatima* mit blauer Glasperle, in der Hoffnung, dass sie auch auf einem fremden Stern wirksam gegen böse Geister werde. Außerdem: Zwölf blaue Gläser mit Teekanne und Tablett. S. und M. feiern demnächst ihren Hochzeitstag. Und die graublaue gewebte, mit schwarzen Mustern bedruckte Decke, die dann noch eineinhalb Jahre in meiner Freiburger Wohnung und heute auf dem Sofa in meiner Berliner Wohnung liegt.

Abschied im Riad von den beiden Frauen, die für uns gekocht und unser Zimmer geputzt haben. H. macht ein Foto von ihnen und mir in der Küchentür. Der Hausherr ist vor zwei Tagen nach Basel geflogen, wohin auch wir noch heute zurückfliegen werden. Endlich! Mir kommt es so vor, als sei ich wochenlang fort gewesen.

Geschafft, schreiben S. und M., *sie ist jetzt im Krankenhaus. Im Auto hat sie um sich gespuckt und ihre Spucke überall verteilt. Das sei Weihwasser und, wie wir ja wohl wüssten, wirksam gegen den Teufel. Beim EEG hat sie sich die Kabel vom Kopf gerissen und auch gegen alle anderen Untersuchungen heftig protestiert. Alle Ärzte sind angeblich Nazis, auf der Station erwarte sie ein Prüfungskomitee, für das sie 300 Wörter sammeln müsse. Sagt mir ein Wort mit R, schnell. Rose! Gut. So geht es in einem fort …*

Für Kinder, die nicht sprechen konnten, hatte meine Mutter spezielle Methoden entwickelt, ihnen Wörter mit Hilfe lustiger Verse und Reime in die kleinen Münder gemogelt. Und jetzt sammelte sie selber Wörter. War ihr deren Sinn abhandengekommen? Versuchte sie, sich die Begriffe über Buchstaben zurückzuerobern?

Später erzählt mir M., sie hätten sie auf ein Krankenbett gesetzt und seien so mit ihr von Abteilung zu Abteilung gefahren. Anders wären sie nicht vorangekommen, weil sie jeden Gegenstand nicht nur berühren, sondern sogar auf ihn hätte einschlagen müssen. Angeblich weil der Teufel es so wolle. Grölend und lärmend habe sie auf dem Bett gesessen und dabei gewirkt wie ein aus Protest Funken sprühender, völlig durchgeknallter Teenager, der wegen eines Partyverbots die Sau rauslässt. Pure Anarchie! Es sei grotesk gewesen, denn auf der anderen Seite habe sie ja nach wie vor diese jedem Respekt einflößende Ausstrahlung gehabt. Für ihn bot sie das Bild einer hilflosen Despotin.

Wir checken ein. Warten. Starren auf den kleinen Monitor, der an der Decke der Halle hängt. Stunde um Stunde verschiebt sich die Abflugzeit, bis endlich eine scheppernde Stimme aus dem Lautsprecher erklärt, dass unsere Maschine wegen eines Schadens in Basel festgehalten werde und mit ihrer Landung erst in den frühen Morgenstunden des nächsten Tages zu rechnen sei. Am Flugschalter lägen Getränkegutscheine bereit.

Wir klinken uns aus, fahren noch einmal zurück in die Stadt, in unser Riad, bekommen ein Essen, verbringen ein paar Stunden im Halbschlaf auf den Fauteuils im Innenhof.

Mitternacht. Wir machen uns wieder auf den Weg. Vielleicht kann die Maschine in Basel früher als erwartet abheben … Aber die Anzeigetafeln im Flughafengebäude sind blind, die Wartenden haben sich über die Halle verteilt, spielen Karten oder versuchen auf den unbequemen Sesseln Schlaf zu finden. Die Klimaanlage läuft auf Hochtouren. Glücklich, wer ein Tuch oder einen Schal aus dem Handgepäck ziehen kann. Bleiche Gesichter. Verwischte Make-ups. Husten.

2:25 Uhr. In fünf Minuten schließt der Duty-Free-Shop. Aber wem stünde jetzt noch der Sinn nach Parfum oder goldenen Turnschuhen? Die Getränkegutscheine sind nicht mal eine kleine Cola wert. Nepp. Abzocke.

Der Junge, der das WC sauber halten soll, wirft jedem, der in seine Nähe kommt, böse Blicke zu. Er hat die Schnauze voll. Vielleicht wollte er diese Nacht mit einer Freundin verbringen und muss nun – nur weil die Maschine einer Billig-Airline in Basel festhängt – stattdessen an seinem ohnehin unattraktiven Arbeitsplatz ausharren. Zum Kotzen! Alles! Ich finde keinen Schlaf, laufe auf und ab. Wenn ich das Gesicht an die große schalldichte Scheibe presse, kann ich draußen das dunkle Flugfeld sehen – und irgendwann unsere Maschine.

Gegen sieben Uhr landen wir auf dem »alten Stern«, rollen unsere Koffer zum Parkplatz, steigen ins Auto, fahren los. Eine knappe Stunde bis Freiburg.

»Willst du wirklich?«, fragt H.

»Ja«, antworte ich.

»Das ist zu anstrengend. Das schaffst du nicht!«

»Doch«, sage ich, packe in Windeseile meinen Koffer neu und fahre zum Bahnhof. Sechs Stunden später steige ich in Hamburg aus dem Zug, laufe in meine Wohnung, stelle das Gepäck ab und mache mich wieder auf den Weg. S-Bahn, Regionalbahn. Das Krankenhaus liegt am Stadtrand. Dann bin ich da.

Der Pförtner erklärt mir den Weg. Ich renne. Über Treppen, lange Flure. Komme an eine verschlossene Glastür, klingele, werde eingelassen, sage meinen Namen, eine zweite Tür öffnet sich, atemlos trete ich ein: Und da sitzt meine Mutter. Zusammengekrümmt in einem Stuhl auf dem Flur der *Geriatrischen Psychiatrie.* Einer geschlossenen Station! Auf ihrem Schoß eine Puppe. Ein Monster mit Glotzaugen.

Ich gehe auf sie zu, sie blickt auf, lächelt: »Schau, wie sie guckt, sie hat mir gesagt, dass du kommst. Immer wenn der Satan vorbeigeht, verliert sie ihre Sommersprossen.« Ich setze mich neben sie, küsse und streichle sie. Streichle ihren Arm. »Das hab ich dir mitgebracht.« Ich lege die kleine *Hand der Fatima* in ihre Hand. »Vielleicht hilft sie uns.«

»Wenn du sie ausziehst, kommt Wasser raus, hier«, sagt meine Mutter und bohrt ihren Finger in den Puppenbauch.

»Ich war in Marrakesch«, sage ich.

Meine Mutter streichelt die kleine Messinghand und bedankt sich. »Heute Nacht haben sie mich sechsmal verhört. Das Prüfungskomitee ist streng. Die lassen mich hier nicht mehr raus.« Zum Team gehöre eine Iranerin. »Siehst du sie?«

Ich sehe die Schwester, die mich eingelassen hat.

»Sie hasst mich. Sie will hier nur Geld verdienen.«

»Sie ist Krankenschwester. Sie meint es gut mit dir.«

»Nein. Sie ist böse. Schau sie dir genau an. Alle hier geben Zeichen. Wenn jemand über den Flur geht, gibt er ein Zeichen, die anderen sehen es und wissen, was gemeint ist. Die wollen alle gemeinnützigen Einrichtungen der Welt kaputt machen. Aber *Brise* passt auf mich auf.«

»*Brise*?«, frage ich.

So heiße die Puppe, sie habe sie so getauft. Eine gewisse Frau Lodz habe sie für sie genäht, als Initiation für das Krankenhaus. Früher habe, wie ich ja wisse, immer E.V. (mein toter Bruder, ihr dritter Sohn) hinter ihr gestanden und ihr gesagt, was zu tun sei. Diese Rolle habe jetzt *Brise* übernommen. Sie werde das mit dem Professor besprechen, dass man die Therapie jetzt nur noch mit dieser Puppe durchführt. Sie gehöre nicht in Kinderhand. Sie habe immer gewusst, dass Frau Lodz eine sehr begabte Frau sei. Demnächst werde sie weitere Puppen bei ihr in Auftrag geben. Marke *Brise*.

Lodz. So hieß die Schneiderin in der Residenz. Zu ihr hatte meine Mutter im Lauf des letzten Jahres eine

Art persönlichen Kontakt aufgebaut, ihr also nicht nur Kleidungsstücke zum Kürzen oder enger machen gebracht, immer krummer und schmaler war sie geworden, sondern sich auch zu ihr in die kleine Nähstube gesetzt und Unterhaltungen geführt.

»Eine ganz neue Methode!« Ohne Pause redet meine Mutter auf mich ein. Sie würde gern einen therapeutischen Begriff einführen für eine Puppe, die es fertigbringe, Mitgefühl bei Menschen zu wecken, die nicht in der Lage seien, sich in andere hineinzuversetzen. Zum Beispiel redeten Alte ja oft zu viel und zu lange von sich selbst. Die Puppe könne dem, der dabei ungeduldig werde, helfen, von sich abzusehen und zuzuhören. Sie erblasse oder gucke schräg, wenn jemand etwas falsch mache. Dazu habe sie einiges notiert. »Hier!«

Mir kommt es so vor, als würde meine Mutter am liebsten hier und sofort ein neues Buch schreiben über all das, was sie gerade erlebt, erleidet und dennoch in einem gewissen Maß reflektiert. Einerseits steckt sie »im Loch«, und andererseits beobachtet sie nach wie vor genau und stellt Überlegungen an, wie sie am besten wieder aus dieser Lage herauskommt. Baut an einer Eigentherapie.

Aus kreuz und quer auf dem Tisch vor ihr liegenden Papieren zieht sie ein mit *Sitzung, Freitag, den*

15. Oktober 2010, Protokoll für Prof. Becker beschriftetes und zu einer kleinen Mappe gefaltetes Blatt hervor und reicht es mir. Darin steckt die Kopie einer Lexikonseite: *Schleimbeutel, Schleimhaut, Schluckauf.*

Ja, unter Schluckauf hatte sie in letzter Zeit häufig gelitten.

Ich überfliege die Erklärungen der Begriffe, schaue sie fragend an, und sie sagt: »Wenn er will, kann er das Ganze natürlich auch wegschmeißen«, greift wieder zwischen ihre Papiere, fischt zwei der Speisezettel heraus, die hier täglich ausgeteilt werden und auf denen jeder Patient durch Ankreuzen die Wahl zwischen zwei Gerichten treffen kann. Sämtliche hier nur in Abkürzungen gedruckten Begriffe hat sie handschriftlich ergänzt, zum Beispiel neben Hähnch. Brust / Rahms. *Fähnrichbrust,* unter Möhrengemü. / Peterkart. *oder Paulkartoffeln* geschrieben. Der Überbegriff Obst hat sie zu der lustigen Wortkette *Banane oder Birne / Dirne / Sirene / Irene* angeregt. Unter der Zeile »Guten Appetit wünscht Ihnen das Küchenteam!« lese ich *Es dankt ihnen sehr Frau Holle, die tolle charmante Greisin.*

»Ich bin im Strom«, sagt meine Mutter, »mir werden die Worte geklaut. Ich habe alles getan, was ich tun konnte. Die Pferde sind eingespannt, erst ein Dreispänner, dann ein Zweispänner, zuletzt nur noch ein Pferd. Dann springe ich ab, gehe den Rest des Weges zu Fuß, eine Abkürzung über das Stoppelfeld. Das tut zwar sehr weh, aber dann bin ich schneller bei Gott.«

Wie kommt sie jetzt auf Pferde?

Sie wuchs auf verschiedenen schwedischen Gutshöfen auf. Für eine Fahrt in die nächstgelegene Stadt wurden, je nach Jahreszeit, Pferdekutschen oder Pferdeschlitten angespannt. Ganz sicher hielt ihr Vater, der livländische Baron und Forstmeister Theodor v. Vegesack, auch Reitpferde.

Unvergesslich für mich ihre meist an Weihnachtstagen zurückgekehrte Erinnerung an ihre Fahrten im Pferdeschlitten am frühen Weihnachtsmorgen. In völliger Dunkelheit sei man aufgebrochen. Eingehüllt in Felldecken, habe sie, ein kleines Mädchen, zwischen den ebenfalls »vermummten« und weiße Wattebäusche aus ihren Mündern stoßenden Erwachsenen gesessen. Um sie herum die sich in eine endlose Weite ausdehnende Schneelandschaft. Nichts als das feine helle Läuten der Glöckchen am Geschirr der dampfenden Pferde und das Knirschen der Kufen sei zu hören gewesen.

»Siehst du das Gerippe?«, fragt meine Mutter. Eine magere Patientin schiebt mit ihrem Gehwagen an uns vorbei. »Schau nicht hin! Basta, Schluss! Ich spucke den Teufel an, dann verschwindet er. Wasser hilft.« Sie spuckt hinter der anderen Patientin her. »Oder ich rede schwedisch, da kommt Herr Sowieso nicht mit.«

Ich streichle ihren Arm und frage sie, ob ich dem Pfarrer Bescheid geben soll, damit er ihr die Kommunion gebe. Sie lächelt und sagt: »Das wäre schön.«

Später bringe ich sie zu Bett, S. und M. kommen dazu, wir rücken drei Stühle heran, reden über dies und das. Plötzlich platzt eine Krankenschwester herein und brüllt: »Sie müssen da weg, alle drei! Sie sitzen auf der Klingelmatte!«

Klingelmatte! Damit man es im Schwesternzimmer hört, wenn ein Patient sein Bett verlässt. Eigentlich liegt meine Mutter gar nicht so falsch mit ihrer Behauptung, ein Komitee überwache sie.

Auf der Rückseite eines weiteren Menüzettels lese ich: *Es war meine Henkersmahlzeit, für meinen Organismus von Substanz und Geschmack sowohl lecker wie gegenteilig. Montag verlasse ich dieses Zauberschloss. Wohin, können Sie hier in der Demenz-Abt. erfahren. Ihre Mitan.*

Mitan. Das war der Kosename, den ihr mein Vater gegeben hatte. Mit dem er sie in zärtlichen Augenblicken nannte, sie mit weichen Augen ansah – und selbst dann immer ein bisschen spielte. Den Zärtlichen. Wie er überhaupt jeden und alles spielte. Den Verzweifelten, den Feigen, den Helden. Den Liebenden. Sicher nicht einfach, einen Mann an seiner Seite zu haben, der nach Bedarf alle seelischen Register ziehen konnte. Es habe sie oft irritiert, hatte sie mir erzählt, dass er, wenn er von der Probe oder Vorstellung nach Hause kam, immer noch in der jeweiligen Rolle steckte, die gerade dran war. Geradezu unheimlich sei ihr das gewesen. Nie habe sie genau gewusst, wer er eigentlich war. Und ihn dennoch unendlich geliebt und sich darum bemüht, ihm nah zu sein. In »seiner Welt« – dem Theater, den Gedichten –, die so ganz anders war als ihre Welt, in der es um Kinder, deren Erziehung, einen großen Haushalt und dessen Management ging. Meiner Schwester gegenüber hatte mein Vater einmal geäußert, dass es eigentlich Benita gewesen sei, die seine Liebe zu Gedichten geweckt habe. Und später, in seiner Biographie, hatte er geschrieben, sie habe sich kaum für das interessiert, was ihm wichtig gewesen sei. Nie sei sie mit zu seinen Premieren gekommen. Im Alter war die Bitterkeit, die sie ob dieser Äußerung empfunden hatte, verflogen. Sie trug ihm nichts nach. Nicht seine ständigen »Seitensprünge«, nicht seine zweite Ehe. Genau besehen hatte diese sie ja frei gemacht. Frei, das zu tun, was sie – rückblickend – als ihre eigentliche Lebensaufgabe ansah. Sich *ungewöhnlichen* Kindern zu widmen, ihre Defizite auszugleichen, ihnen Integration zu ermöglichen.

Über das i von *Mitan* hat sie einen Stern mit sieben Strahlen gekritzelt, eine Kombination von Christus- und Andreaskreuz. Später finde ich dieses Symbol auf vielen ihrer Zettel wieder und auch als Unterschrift ihrer Briefe. Ein graphisches Mantra ihrer letzten Monate.

Auch auf ihrem Grab soll, so bestimmt sie, ein Kreuz mit sieben Strahlen stehen. Überhaupt ihr Grab! Das Zentrum immer ausufernderer Überlegungen. Sie stellt sich einen Park vor mit Kies und Rasenplatz, umgeben von einer Hecke. Die Idee von einem Pavillon samt Fußbank zum Niederknien kann ihr M., der alles notieren muss, irgendwann ausreden. Sie habe sich wohl, räumt sie ein, geirrt, das sei ja viel zu bombastisch. Ein paar Wochen später erinnert sie sich auch wieder daran, dass sie ja schon längst einen Grabplatz besitzt in dem kleinen Ort in der Heide, neben dem Grab ihres Sohnes, meines Bruders E.V., der schon seit fast dreißig Jahren tot ist.

Die Absicht, ihren Körper nach ihrem Tod der Forschung zur Verfügung zu stellen, revidiert sie, als ich ihr zu bedenken gebe, dass das Okkulte, was sie jetzt erlebe und für andere als interessant und untersuchenswert erachte, niemals im Materiellen nachzuweisen sein werde und ihr alter Körper ansonsten für Forschungszwecke wohl eher ungeeignet sei.

Am nächsten Morgen frage ich sie, was genau denn nun an jenem Abend vor fünf Tagen geschehen sei. Ob sie mir das nicht mal erzählen könne. Ich sei ja weit weg gewesen und habe alles noch gar nicht so richtig kapiert.

Sie lacht und sagt, sie sei jetzt aber schrullig.

»Macht nichts!«, sage ich.

Und dann legt sie los, erinnert sich en detail: Sie sei aus dem Keller gekommen und habe, als sie am Kaminzimmer vorbeiging, sehr viele Tische gesehen. Gedeckt mit Gläsern. Offenbar habe ein Empfang stattgefunden. Alle Herren hätten schwarze Anzüge getragen. Herr Rehberg sei auch dabei gewesen.

»Herr Rehberg?«, frage ich.

Der gehöre zur Residenzleitung. Ich habe diesen Namen noch nie gehört.

Dann sei ein Auto vorgefahren, und ein sehr langer Mann sei ausgestiegen. Sie habe dagestanden und geguckt und gedacht, was findet hier statt? Aber gar nichts habe stattgefunden. Trotzdem sei sie sehr beunruhigt mit dem Fahrstuhl in ihre Wohnung hinaufgefahren, und als sie die Tür öffnen und die Zeitung, die immer an der Klinke hänge, an sich nehmen wollte, habe sie aus den Augenwinkeln gesehen, wie sie Herrn Rehberg verhafteten. Leider habe er im letzten Moment mit dem Finger auf sie gezeigt, und jetzt sei sie in alles verstrickt. Gezeichnet. Jeder, der in ihre Nähe komme, müsse alsbald sterben.

»Weiter«, sage ich.

Als sie ihr Wohnzimmer betreten habe, habe sie festgestellt, dass ihre Schlüssel verschwunden seien. Auch das Internet sei gesperrt gewesen. Sie kenne jetzt alle Todesdaten, auch den ihren. 1905.

Ich korrigiere sie nicht, stelle keine Gegenfrage.

Sie habe dreißig Tage Zeit, dann sei die Prüfung. Bis dahin müsse sie genügend Worte gesammelt haben.

Jetzt greife ich ein: »Was für Worte?«

»Alle fehlenden Worte! Und Geräusche.« Sie wird unruhig. Sie habe nur noch dreißig Tage Zeit! Es sei grausam. Sie sehe den Weltuntergang! Sie sehe so viel, was noch nicht geschehen sei, aber geschehen werde! Wie Swedenborg. Er habe ja stets von Dingen berichtet, die andere für Phantasie gehalten hätten, als erlebt in *Betäubungszuständen des Gemüts*. Das aber sei, wie auch bei ihr, eben nicht der Fall. Sie sei bei wachem Bewusstsein. Sie sehe brennende Häuser, große Veränderungen.

Swedenborg. Strindberg. Diese Geisterseher. Intensiv hatte sie sich mit deren Schriften und Dramen beschäftigt. Aber mir fällt auch wieder ein, wie sie mir vor meiner Abreise nach Marrakesch am Telefon sagte, dass die Brücken nach Lüneburg gesperrt seien, dass die Feuerwehr unterwegs sei, dass jetzt alle abgeholt würden. Bereits da musste also ihr »außerordentlicher Zustand« eingesetzt haben.

So sei das eben, wenn man verwirrt ist, sagt meine Mutter, dann sei eben die Routine gestört und alles gerate durcheinander. Sie müsse eine neue Routine finden.

Ich streichle ihre Hand. Sie beruhigt sich. »Wir müssen ein neues Zuhause für dich suchen.«

»Klar«, sagt sie. »Zurück kann ich nicht, das Haus ist voller Spitzel.«

»Ich werde mir Mühe geben«, sage ich, »aber es wird nicht leicht sein.«

»Es ist so schrecklich! Alle, die mich besuchen, müssen sterben. Außer Herrn Lüdemann.«

»Herr Lüdemann?«

Im Sommer hatte sie sich zum Umtopfen ihrer Balkonpflanzen einen Gärtner bestellt. Die beiden kannten sich. Fast dreißig Jahre lang hatte er ihren großen Garten gepflegt, den Teich, die Fünfzig-Meter-Hecke neben dem Haus. Und vor ein paar Monaten war er tatsächlich für ein paar Blumentöpfe in ihre kleine Wohnung in der Residenz gekommen, hatte sich Zeit genommen, mit ihr geredet, ihr von seinem Kind erzählt. Er war gerade Vater geworden. Ein Mensch, der sich ihr in ihrer zunehmenden Vereinsamung zugewandt hatte, wurde ihr Held. Selbstverständlich ohne dass er davon wusste. Alles, was sie noch besaß, hätte sie jetzt am liebsten ihm vermacht.

»Schau mal«, sagt meine Mutter, »die haben das Kabel durchgeschnitten, damit ich nicht mehr klingeln kann, jetzt werde ich verrückt. Ich muss jetzt alles x-mal aussprechen.« Dabei malt sie wieder ihr Andreaskreuz, ein großes X, auf einen Zettel.

Tags darauf kommt der Pfarrer. Sie bittet darum, während des Rituals aufrecht auf ihrem Bett sitzen zu dürfen, spricht kein einziges Wort, verfolgt alles wach und aufmerksam. Doch kaum dass er fertig ist, Patene und Kelch einpackt, setzt der Redestrom wieder ein, und sie beschreibt, was sie gesehen hat. Der Satan sei da hinten aus der Ecke gekommen, da sei Dampf und Rauch gewesen, er habe sich gewunden, sei grün geworden, habe einen Buckel gemacht. Hinten in der Ecke, neben dem Schrank habe sie noch ein anderes Gebilde gesehen. Wie Watte. Ob denn der Satan und der Teufel eins seien?

Der Pfarrer ist beeindruckt.

Übrigens sei der Satan dann unter der Fußleiste verschwunden, und das hier sei jetzt alles heilig, das dürfe ihr niemand wegnehmen.

Schützend hält meine Mutter ihre Hand über die Dinge, die sie auf dem kleinen Schwenktisch ihres Nachtschranks gehortet hat: Bereits gebrauchte Papiertaschentücher, ihre Menüzettel, einzelne ausgekämmte Haare. Und die *Hand der Fatima.* Ein islamischer Fetisch, soeben geheiligt durch ein christliches Sakrament.

Wenn jetzt auch noch Mephisto dazukomme, sagt sie, sei sie am Ende. Sie habe die Kreuzigung gesehen, Pilatus und Barrabas. Es sei schrecklich. Sie könne das nicht beschreiben.

Sie weint.

Habe ich meine Mutter je weinen sehen?

Nein, streng war sie eigentlich nicht, jedenfalls nicht mir gegenüber. Aber immer beherrscht. Für meine Geschwister mag das vielleicht anders gewesen sein. Ich war ihr jüngstes Kind. Dem gegenüber sind Eltern weicher, sagt man. Ihren Kummer hat sie jedenfalls mit sich selbst ausgemacht und wohl vor keinem ihrer Kinder ausgebreitet. Für Fremde mag sie etwas Unnahbares gehabt haben. Durch ihre »aristokratische Art«. Über die sie sich selbst, denke ich, nie im Klaren war. Aber allein die Tatsache, dass sie immer einen Hut trug, mag manchem als Merkmal für eine »nicht erreichbare Person« vorgekommen sein.

In den nächsten Tagen lässt sie kein Auge mehr von ihren »heiligen Dingen«, als hege jemand die Absicht, sie ihr wegzunehmen.

»Frühmorgens geht hier die Parade auf und ab, aber durch die Hilfe, die ich bekommen habe, kann mir niemand mehr etwas anhaben. Irgendjemand hat gemerkt, dass ich jetzt schlau bin.«

Trotzdem rufe ich einen mir befreundeten Heiler an und frage ihn, ob er nicht mal vorbeikommen und sich meine Mutter ansehen könne. Ich agiere panisch, möchte nichts auslassen, brauche Prognosen! Womit ist jetzt, und wie lange noch, zu rechnen? Wie, um Himmels willen, soll es weitergehen?

Kontrolle. Meine Mutter hebelt sie immer mehr aus. Im Laufe von neun Monaten lerne ich, umzudenken, zuzulassen. Zuzuschauen und zu staunen über Dinge und Zustände, »die es nicht gibt«.

Der Heiler kommt, unterhält sich eine Weile mit ihr, ist beeindruckt von dem, was sie erzählt, und meint, als er geht, sie habe wohl noch eine Strecke vor sich, am Kopfende ihres Bettes stehe noch nicht der Tod. Als ich ihr später sage, wer der Besucher war, meint sie, er habe eine »gute Wolke« um sich gehabt und angenehm weiche, jedoch etwas zittrige Hände. Vielleicht könne ja sie seinen Tremor heilen.

»Er fand dich interessant«, sage ich.

»Kein Wunder!«, sagt sie, »ich habe mich ja auch schön blamiert.«

Hört sie sich selber zu, versteht sie, was sie fast ununterbrochen redet? Misstraut sie ihren eigenen Wahrnehmungen, kann sich ihnen aber nicht entziehen?

Wir kommen zu dritt, M., S. und ich, hören von der Stationsschwester, sie sei beim »Offenen Singen«. Ein Raum hinter der Glastür am Ende des Flurs. Wir treten näher, schauen durch die Scheibe. Niemand kann uns sehen. Verwirrte alte Menschen auf Stühlen, in Rollstühlen im Halbkreis um eine Musiktherapeutin. Klatschen und Singen. *Horch, was kommt von draußen rein ...* Meine Mutter, die Schwedin, kennt diese Lieder nicht und kann nicht singen. Noch nie konnte sie singen. Auf Familienfesten, wenn unser Vater seine schöne Stimme erhob, fiel ihr Brummen besonders auf. Meine Großmutter, so hatte sie mir ihr Unvermögen einmal erklärt, habe ihr das Singen untersagt, weil ihr Vater immer mit ihr gesungen habe. Auch alles Weitere, was an ihn erinnerte, habe sie ihr

»ausgetrieben«. Geschenke, die von ihm gekommen seien, habe sie gleich zertreten müssen.

Zwei Jahre nach der Geburt meiner Mutter, neun Jahre nach Eheschließung der Großeltern hatten sich diese getrennt, Zerstrittene bis zum Tod. Märtha, die kapriziöse, selbstbezogene, hochneurotische und überspannte junge Frau aus schwedischem Hochadel, und Theodor, der livländische Baron, den die politischen Umstürze des frühen 20. Jahrhunderts nach Schweden verschlugen, der jedoch als »Forstmeister ohne Besitz« auf dem kleinen Gut, das er zusammen mit seiner Frau erwarb, nie so richtig hatte Fuß fassen können. Er habe immer weiße Handschuhe getragen, so hatte meine Großmutter diesen mir unbekannten Großvater geschildert, stets in verächtlichem Ton. Mehr gab es ihrer Meinung nach über ihn nicht zu sagen. In der neunjährigen Wartezeit auf ein eigenes Kind hatte das Ehepaar ein Zwillingspaar adoptiert, es nach Geburt der eigenen Tochter aber schon bald wieder abgegeben. Theodor war nach der Trennung nach Deutschland gegangen, hatte ein zweites, ein drittes Mal geheiratet, drei weitere Kinder gezeugt und sich irgendwann, alt, nierenkrank und wieder allein, aus Angst, er könne den Verstand verlieren, in einem der Stockholmer Seen ertränkt.

Nur ein einziges Mal hatte er seine erstgeborene Tochter besucht. Als sie bereits verheiratet und Mutter war. Anfang der vierziger Jahre in Berlin. Plötzlich habe er in der Tür gestanden, mit einer Hand in den Sack Kartoffeln gegriffen, der als Geschenk ihres Schwiegervaters gerade bei ihr eingetroffen war, eine Kartoffel herausgeholt, sie in seiner Hand bewegt und die Sorte bestimmt. Und an der Art, wie er sich gebückt und in die Kartoffeln gegriffen habe, habe sie ihn erkannt. So manches Mal hatte meine Mutter mir diese unauslöschlich in ihre Erinnerung eingegrabene Begegnung geschildert! Es war das erste und letzte Mal, dass sie ihren Vater wiedersah.

Nach seinem Tod hatte man ihr eine kleine Kiste mit persönlichen Dingen von ihm geschickt. Darunter eine runde, außen schwarz und innen rot gelackte Dose. Auf deren Schraubdeckel ein Bild: Drei ungestüme, nebeneinander vor einen Schlitten gespannte Pferde, die mit ihrem sie an den Zügeln haltenden, eine Pelzmütze tragenden Kutscher und einem in Decken gehüllten Paar durch eine verschneite Landschaft jagen. Im Hintergrund lugt das Dach eines Gehöfts aus dem Schnee.

Erst ein Dreispänner, dann ein Zweispänner, zuletzt nur noch ein Pferd …

Wir stehen da und beobachten diese alte Frau, die scheu um sich blickt und sich fragt, wie sie hierhergekommen ist und warum sie diesen Babykram mitmachen soll. Sie ist doch mit ganz anderen Dingen beschäftigt! Bis zum Tag X muss sie dreihundert Wörter gesammelt haben. Sie sieht den Weltuntergang vor sich!

M. kämpft mit den Tränen. So sehr rührt ihn diese alte Frau, die Großmutter, die ihm eigentlich erst vor wenigen Jahren »in die Nähe« gekommen ist. Und er ihr.

Als Kind hatten seine Eltern ihn wohlweislich von ihr ferngehalten, weil sie immer alles besser wusste und ständig versucht hatte, ihn zu therapieren. Wie eigentlich jeden. Und jetzt hatte er Verantwortung für sie übernommen, sie zusammen mit seiner Frau hierhergebracht. Anders wäre es nicht gegangen. Aber sie gehört nicht hierher. Sie ist nicht dement, sie ist nur von einem Tag auf den anderen *Frau Anders* geworden.

So nennt sie sich jetzt, schreibt diesen Namen in Großbuchstaben auf alle Zettel, unterzeichnet damit ihre selbstverfassten Protokolle, ihre Briefe. *Frau Anders*, die auf Station ab und zu auch mal heftig Paroli bietet, Mitpatienten das Fürchten lehrt und mir am nächsten Tag bei meinem Eintritt ins Krankenzimmer entgegenhält, sie habe jetzt keine Zeit, sie sei auf dem Weg zu einer Konferenz.

Ich hole Informationen ein, besorge Prospekte. Das ganze Hin und Her, was gottlob nicht nötig war, als sich meine Mutter vor fünf Jahren ohne Umschweife für die Residenz entschied. Für und Wider. Preise! Was kann sie sich – und wie lange noch – leisten. Sie muss jetzt in ein Pflegeheim. Und dass dringend!

C., mein zweiter Bruder, und ich besichtigen einen dieser pseudofreundlichen Edelschuppen mit direktem Zugang zum Einkaufszentrum – was hätte *Frau Anders* damit noch anfangen sollen? –, entscheiden uns dann aber schnell für ein familiär geführtes, in der Ausstattung eher schlichtes Heim mit nur zwölf Zimmern. Gelegen in genau dem kleinen Ort am westlichen Stadtrand Hamburgs, in dem meine Mutter Mitte der sechziger Jahre den größten Teil ihrer Ausbildung zur Heilpädagogin absolvierte, sich später ein Haus baute und dann dreiunddreißig Jahre dort lebte. Dem Ort, aus dem sie vor fünf Jahren weggezogen war.

Hier ist gerade nur ein Zweibettzimmer frei, dafür kennt sich die Leitung mit der Weltanschauung meiner Mutter aus, weiß, was Ahriman und Luzifer bedeuten. Die Pflegedienstleiterin kommt sogar extra ins Krankenhaus, um meine Mutter kennenzulernen und festzustellen, ob deren momentaner Geisteszustand in ihrem Haus tatsächlich in angemessener Weise »aufgefangen« werden kann.

Als sie das Krankenzimmer betritt, wird sie von meiner Mutter wie eine Bekannte begrüßt. Sie habe schon von ihr geträumt. Und auf die Frage, was sie sich denn in ihrem neuen Zuhause wünsche, antwortet meine Mutter, genauso behandelt zu werden wie alle anderen. Die Pflegedienstleiterin stammt aus Bosnien, hat den Namen meiner Mutter noch nie gehört, misst ihm keinerlei »Prominenz« bei und versteht folglich diesen Wunsch überhaupt nicht.

Meine Mutter muss umlernen. Das alte Leben, in dem sie, ob gewollt oder nicht, stets eine gewisse Rolle spielte und immer eine Respektsperson war, ist vorbei. Und je mehr sie sich dessen bewusst wird, umso erleichterter scheint sie zu sein. Sie muss sich nicht mehr zusammenreißen! Keiner fordert mehr etwas von ihr. *Frau Anders* lässt sich fallen, reißt blöde Witze, äußert Wünsche und stellt Behauptungen auf, die Frau Q. niemals geäußert und niemals aufgestellt hätte.

»Der Professor will sich noch meinen Popo angucken. Der ist ganz wild darauf.«

Monate später lese ich in den Krankenblättern, die man mir auf Wunsch bei der Entlassung ausgehändigt hat:

Die Patientin ist wahnhaft und desorientiert ... Die Patientin ist freundlich und kooperativ ... Die Patientin ist ängstlich, gibt an, unter Wortfindungsschwierigkeiten und Gedächtnisverlust zu leiden, sie erinnere das Vaterunser nicht mehr ... Die Patientin gibt an, an einer Konferenz teilnehmen zu müssen ... Die Patientin unterhält sich die halbe Nacht laut mit ihrer Therapiepuppe ... Die Patientin zeigt sich begeistert über die unterschiedlichen Oberflächen der Therapiedecke, muss alles anfassen ... Die Patientin sieht Wasser aus ihrem Nachtschrank fließen und will es mit Sand trocknen ... Die Patientin hat die Klingelmatte beiseitegeschoben, beschimpft das Pflegepersonal und die Mitpatientin, schüttet die Bedarfsmedikamente ins Bett ... Die Patientin schreibt den ganzen Tag an einem Plan für eine Benefizveranstaltung am Totensonntag.

Häufig fiel ihr Geburtstag auf den Totensonntag. Auch in diesem Jahr. Diesmal allerdings sollte er ganz anders als bisher begangen werden. Als Benefizveranstaltung zugunsten ihres Heilpädagogischen Instituts. Ein später Nachmittag und Abend mit Ansprachen, einer Lesung und Musik, Prosecco und Häppchen. Zunächst würde sie selbst eine Rede halten, anschließend sollte S. *Das Rotkehlchen* von Selma Lagerlöf vortragen, ein Flötist ein paar kurze Stücke spielen. Zuletzt geselliges Beisammensein. Mit genügend Zeit für »keep smiling«, wie sie es nannte.

Schon seit dem Frühjahr hatte die Ausrichtung dieser Veranstaltung sie beschäftigt. Ständig schrieb sie neue Gästelisten, teilte sie in Gruppen und Untergruppen auf. In Bekannte und Freunde, Mitarbeiter und ehemalige Mitarbeiter des Instituts, Bewohner der Residenz. Auch die beiden Damen, mit denen sie sich zunächst befreundet, dann aber heftig zerstritten hatte, sollten Zutritt haben. Ein nicht unwesentlicher Punkt: wer, wann erscheinen dürfe. Wieder und wieder feilte sie an ihrer Rede, einer Art Predigt, in der sie alles sagen wollte, was ihr auf dem Herzen lag. Dieser 93. Geburtstag mutierte zum Weltgeschehen. Während der letzten Monate war es in unseren Gesprächen im Wesentlichen nur noch um ihn gegangen. Und er sollte – diese Anweisung war tatsächlich kurios – auf jeden Fall gefeiert werden, auch wenn sie selbst nicht mehr daran würde teilnehmen können, weil sie am Totensonntag dieses Jahres vielleicht schon gestorben sei.

Als dieses »Fest« dann tatsächlich und genauso, wie sie es sich gewünscht hatte, über die Bühne geht, ist sie zwar noch am Leben, sitzt aber als *Frau Anders* an ihrem kleinen weißen Schreibtisch im Pflegeheim und skizziert neue heilpädagogische Methoden für Professor X, wie sie den Chefarzt der *Geriatrischen Psychiatrie* nennt, und die jetzige Leiterin des

Heilpädagogischen Instituts. Zentraler Gegenstand: ihre Puppe. Mit ihr auf dem Rollator – in Windeseile hatte ich ihr eine neue, völlig identische besorgt – zieht meine Mutter klaglos, in gewisser Weise sogar fröhlich aus dem Krankenhaus in ihr neues Zuhause um.

Es ist Ende Oktober, als S., M. und ich uns mit ihr auf den Weg machen. Langsam, Schritt vor Schritt hinter ihrem Gehwagen setzend, vor sich *Brise*, verlässt sie die Station. Ich bedanke mich bei allen, die iranische Krankenschwester hält uns freundlich die Tür auf.

»Ich beachte den Teufel nicht«, sagt meine Mutter laut, spuckt aus und geht, ohne sie auch nur eines Blickes zu würdigen, erhobenen Hauptes an ihr vorbei.

Ein viel Zeit beanspruchender Weg. Vor jedem Türschild, Wegweiser oder Hinweis bleiben wir stehen, weil sie ihn unbedingt lesen, in ihre Wörtersammlung aufnehmen muss. Langsam buchstabiert sie: *Arztzimmer, Physikalische Therapie, Gruppenraum, Bitte nicht stören!* Alle diese Wörter scheinen neu für sie zu sein, kein einziges habe sie zuvor gekannt, behauptet sie.

Erobert man sich so seine verlorengegangene Welt zurück, indem man einzelne Begriffe wie Bausteine zusammenfügt, bis endlich wieder ein sinngebendes Ganzes vor einem steht?

Mir kommt es so vor, als treiben wir ein bockiges Kind voran, das keiner von uns zurechtweisen mag, weil dieses Kind eben kein Kind ist, sondern eine nach wie vor respekteinflößende alte Dame – mit Hut –, der niemand ihre Würde absprechen mag, nur weil in ihrem Kopf etwas durcheinandergeraten ist.

Als wir endlich im Auto sind, sie samt *Brise* und Gehwagen »verstaut« haben, behauptet sie fröhlich, sie wisse genau, wohin die Reise gehe. Sie kenne das Haus.

Ein Phänomen, dessen staunende Zeugin ich von jetzt an häufig bin: Unbekanntes, noch nicht Geschehenes wird als bereits bekannt vereinnahmt, Gedanken anderer ausgesprochen, ehe diese in ihrer Gegenwart geäußert waren.

Wir sind da, parken vor dem ihr angeblich schon bekannten Haus inmitten einer kleinen Siedlung. Plastikzwerge neben Vogelbecken, geharkte Vorgärten, violette Orchideen zwischen Fensterscheiben und Spitzengardinen. Die Sonne scheint, das macht diesen Gang leichter. Meine Mutter bleibt im offenen Gartentor stehen, betrachtet das Haus, fragt, als sei dies der Eingang zum Paradies: »Und hier darf ich jetzt wohnen?«

Uns kommen die Tränen. Dieser alte Mensch, der da gekrümmt über seinem Gehwagen verharrt, bedankt sich bei uns? Für ein weiteres Stück Leben? Ein Leben, das wir – wieso wir? – ihm offenbar noch »zugestehen«, so rätselhaft es momentan auch sein mag. Vor allem für ihn selbst. Ein Leben, an dem er hängt, obgleich es ihm miserabel geht und er sich nichts sehnlicher wünscht, als wegzukommen von hier. Ein Mensch, der alle »Pracht« abgelegt hat, sich in die Hände anderer begibt. Ein Ausgelieferter.

An der Zimmertür prangt ein Jugendfoto von ihr. Hier solle man nicht nur den alten, hinfällig gewordenen Menschen vor sich haben, sondern auch den anderen, der er einmal war, hatte uns der Heimleiter gesagt, und tags zuvor hatten wir ihm ein schönes altes Foto von ihr gebracht. Eine nachdenklich und scheu in die Kamera blickende junge Frau.

Meine Mutter entdeckt das Bild, bleibt stehen und sagt energisch, dass sei falsch, das sei sie doch gar nicht mehr. Das gut gemeinte Prinzip, bei ihr für die Katz. Später drängt sie darauf, dass unter ihren Namen *alias Frau Anders* auf das Türschild geschrieben wird. Andere Heimbewohner beschweren sich, was denn der Blödsinn solle, doch sie schreibt unbeirrt

Frau Anders auf kleine gelbe Haftzettel und klebt sie auf Schubladen und Schranktüren. Jeder soll es sehen: Hier wohnt nicht mehr die Alte.

Eine bewusste »Überschreibung« ihrer Identität?

Wer ist sie jetzt, wenn nicht mehr die, die sie war? Wen kennen wir, wenn wir meinen, den anderen zu kennen?

Wir betreten das Zimmer, dessen eine Hälfte wir mit ihrem kleinen weißen Schreibtisch, ihrem Stuhl, ihrer Kommode, ihrem Nachtschränkchen, ein paar Büchern, Bildern und Decken eingerichtet haben. Im Zentrum ein modernes verstellbares Krankenbett. Ihr eigenes Bett durften wir nicht mitbringen.

Die andere Hälfte des Zimmers bewohnt Frau O., seit einer Operation vor ein paar Monaten nicht mehr ganz bei sich, bettlägerig, meist fröhlich und sehr redselig.

Meine Mutter erkennt ihre Möbel, strahlt. Fühlt sich wohl, wie zu Hause. Lehnt es aber ab, dass wir ein paar Fotos von ihren Kindern und Enkeln an die Wände pinnen, so wie bei Frau O., die viele Bilder um sich hat. Die Familie gehöre nicht an die Wand.

Dass es sich um ein Zweibettzimmer handelt, beeinträchtigt ihre gute Laune in keiner Weise. Denn auch Frau O. kenne sie bereits, sie habe ihr vorab eine »warme Brise« geschickt. Seit ein paar Tagen ihr Terminus technicus nicht nur für die Puppe, sondern auch für offenbar Angenehmes, das sie anderen zukommen lässt oder von anderen empfängt. Eine Berührung, ein geheimes Zeichen.

Fast neun Monate lang werden diese beiden Damen das Zimmer teilen, sich zwar irgendwie wahrnehmen, ab und zu auch mal kurz ansehen, sogar einander zuwinken oder mit anderen übereinander reden, aber kein einziges direktes Wort miteinander wechseln. So manches Mal, zumal wenn beide schlafen, kommt es mir so vor, als wache ich über zwei seltsame Zimmerpflanzen, die da nebeneinanderher wachsen, verwelken, vergehen.

Ein bedächtiger Rundgang durch Haus und Garten. Hier könne sie ja im Sommer sitzen und schreiben, plappert meine Mutter, als wir auf den kleinen Pavillon am Teich zugehen. Im Sommer? Ich erschrecke und ertappe mich bei dem Gedanken, dass ich ihr den nächsten Sommer nicht mehr zutraue. Aber niemand weiß, wie lange die bösen Geister es noch mit ihr treiben und wie viel Zeit sie für ihre Abkürzung auf dem Weg zu Gott brauchen wird.

Am Ende der ersten Besprechung im Schwesternzimmer – ich habe die Ausweise meiner Mutter übergeben und sämtliche Papiere unterschrieben – sagt die Pflegedienstleiterin, dass meine Mutter, wenn sie denn gestorben sei, schön zurechtgemacht und aufgebahrt werde. Mit Blumen und so. Das sei hier Brauch. Auch darum müssten wir uns also keine Sorgen machen. Wir sind sprachlos. Gerade haben wir das Zimmer für die alte Dame eingerichtet, sie hierhergebracht, voller Hoffnung, dass sie noch eine Zukunft haben werde. S. schießen die Tränen in die Augen. Andererseits hat die Pflegedienstleiterin ja recht, man sollte über alles reden. An alles denken. Auch an die letzten Dinge.

Die nächsten Tage sind hart. Hart für meine Mutter und für das Pflegeteam. Auch mit den anderen Heimbewohnern mag sie kaum kommunizieren. Wenngleich es so wenige sind. Als ich sie zum ersten Mal in das gemütliche Wohnzimmer begleite, in dem eine Standuhr, ein Fernseher und ein großer Esstisch stehen, spüre ich ihre Abneigung. Das hier ist kein Ort für sie. Plastiksets, Nippes. Alles ekelt sie an. Und die netten Leute?

»Schau mal, mit denen könntest du doch …«

»Die sind doch alle plemplem.«

Sie igelt sich ein. Lässt sich das Essen lieber aufs Zimmer bringen, scheint ununterbrochen mit der Dechiffrierung neuer Nachrichten beschäftigt zu sein.

Selbst den Frau O. heftig quälenden Schluckauf deutet sie als persönliche, allein an sie gerichtete okkulte Mitteilung.

»Hast du gehört? … Jetzt wieder! … Danke, ich habe verstanden.«

Sämtliche Geräusche wie auch Dinge kommunizieren mit ihr. Sie, der Mittelpunkt der Welt! Alle Scheinwerfer auf sie! Sie hat noch eine wichtige Aufgabe zu erledigen, und ihr steht nur noch eine kurze Zeitspanne zur Verfügung!

»Was ich angefangen habe, muss ich zu Ende bringen.« Das Problem für sie sei, dass es jetzt zwei Systeme gebe. Das alte hinge immer noch mit dran.

Sie setzt sich an ihren Schreibtisch, verfasst einen Rundbrief. An Freunde, Bekannte und ihre Familie. Mit klarer Schrift, auf einem Briefbogen, den ich ihr gedruckt habe. Mit ihrer neuen und letzten Adresse. S., M. und ich vervielfältigen und verschicken ihn. Die Adressen finden wir in ihrem Notizbuch:

10. Nov. 2010. Liebe Freunde und um mich Besorgte, die sich wundern, keine Nachricht von mir zu erhalten. Ich kam ins Krankenhaus, weil ich nicht mehr richtig sprechen und schreiben konnte. Es geht mir jetzt viel besser, und ich werde gepflegt. Tatsache ist jedoch, dass ich mich in einem Vorgang der Exkarnation befinde und alsbald die Ballonfahrt ins Übersinnliche antrete.

Darum hier einen letzten und: Auf Wiedersehen-Gruß!! Herzlichst Ihre (Deine) Benita Quadflieg-v. Vegesack (inkognito: Frau B. Anders)

Für drei Damen in der Residenz hat sie noch Extragrüße parat:

Liebe Frau B., bald werde ich im Universum sein, mit den Sternen ins Alpha und Omega kreisen und Sie sehr herzlich grüßen.

Liebe Frau T., ich wünsche Ihnen eine nette neue Balkonnachbarin.

Die Dame, die manchmal nach dem Abendessen im Restaurant der Residenz ungefragt an ihren Tisch kam und bei der die Demenz für alle sichtbar im letzten halben Jahr heftig fortgeschritten war, grüßt sie mit einem knappen: *Adieu!* So als wolle sie die Arme schonen, mehr könne sie ja doch nicht mehr erfassen. Deren hohles, irres Lachen hatte meine Mutter eines Tages derart zugesetzt, dass sie in ihre Wohnung gestürzt war, nach dem Telefon gegriffen und mich in Freiburg angerufen hatte. Das eigentlich Erschreckende an diesem Lachen sei für sie gewesen, dass es so unvermittelt und völlig grundlos ausgebrochen war.

Das gesamte Team tut sein Bestes, um diese alte Frau aus der Reserve zu locken, sie in ihrer neuen Umgebung heimisch zu machen. Was zunächst auch gelingt. Die Psychose scheint abzuklingen. Sogar Scherzchen sind erlaubt. »Du siehst aus wie ein Schwein«, sagt eine der Schwestern, wenn meine Mutter sich nachts mal wieder mit den Süßigkeiten einsaut, die sie neben ihrem Bett gehortet hat. Das kleine Chaos. Sie soll es haben, man gönnt es ihr. So eine herrliche alte Dame! Seitdem sie hier sei, habe sie wieder Freude an der Pflege, sagt mir eine vom Team.

Ich fahre zurück. Nach Freiburg. In mein eigenes Leben. So machen wir es aus. Nie hatte meine Mutter gewollt, dass ich mein Leben ihretwegen aufgebe. Im Gegenteil. Um vorzubeugen, dass ich sie eines Tages würde pflegen müssen, war sie in die Residenz gezogen. Wie großmütig und umsichtig sie war! Umso schwerer fällt jetzt der Abschied.

»Toi, toi für dein neues Buch, und grüß mir den H.«, winkt sie mir fröhlich von ihrem kleinen Schreibtisch aus zu.

Zweiter Monat

Sie gewöhnt sich daran, dass sie abends um zehn Uhr nicht mehr zwei Stockwerke tiefer in ein Restaurant gehen, eine Suppe oder heiße Schokolade bestellen kann. Dafür bekommt sie jetzt einmal in der Woche ein Bad. Kann sich im Schaum ausstrecken, wird abgeschrubbt und anschließend eingeölt. Wie lange ist es her, dass sie solch einen Luxus erfahren hat? Ins Schwimmbad der hauseigenen Anlage der Residenz hatte sie sich schon lange nicht mehr getraut. Außerdem verursachte das Chlor Ausschläge.

Sie genießt, ja zelebriert es geradezu, sich kämmen, schminken, täglich ihre Stützstrümpfe anziehen zu lassen, an ihrem Schreibtisch zu sitzen, neue Therapiemethoden zu skizzieren, M., ihrem Enkel, Anweisungen zu diktieren.

Der Stuhl am Schreibtisch, ihr Thron, von dem aus sie Besucher empfängt.

Doch alsbald wendet sich das Blatt, meine Mutter kehrt wieder die »Aristokratin« heraus, diese andere Seite ihres freundlichen Wesens, und behandelt alle im Pflegeheim, als seien sie ihr persönliches, nur ihr allein zur Verfügung stehendes Personal.

Stressfaktor Nummer 1, berichten S. und M., sei die Klingel.

Ständig betätige sie den an ihrem Bett angebrachten kleinen Knopf und reagiere barsch, wenn nicht augenblicklich jemand ins Zimmer eile und ihre Wünsche erfülle. Die Pflegekräfte in diesem Haus sind, ihrer Meinung nach, unterbesetzt, überhaupt sei die gesamte Organisation ineffizient. Die Schwestern und Pfleger sollten dringend lernen, Prioritäten zu setzen. Außerdem seien ständig sämtliche elektrischen Leitungen defekt.

Neulich sei sie – wahllos eine Nummer am hauseigenen Telefon eintippend –, um dem technischen Dienst einen Rüffel zu erteilen, im Büro des ob ihrer Beschwerde amüsierten Heimleiters gelandet. Der habe ihr versichert, man werde der Sache sofort nachgehen. Sie habe beruhigt aufgelegt. Und alles sei erledigt gewesen.

Aus der Ferne versuche ich zu vermitteln, den Pflegerinnen verständlich zu machen, dass meine Mutter eine Frau »aus einer anderen Zeit« sei. Groß geworden mit Knicksen und Kutschen und Personal und eben einer Klingel für dieses Personal. Angebracht am Esstisch im großen Saal eines Gutshauses. Diese frühen Prägungen schlichen sich jetzt wohl wieder ein und ohne jegliche Ratio in den Vordergrund.

Jeden Tag wieder ermuntert die Pflegedienstleiterin sie: »Und nun wollen wir mal! In unserer vollen Größe!« Dann hakt sie die alte Dame unter, und diese streckt tatsächlich den krummen Rücken, bemüht sich, wenigstens einen Moment lang gerade zu stehen, wenigstens ein paar Schritte weit würdig und aufrecht zu gehen. Sonst schlurft sie, wie man mir berichtet, nur noch vornübergebeugt zwischen Bett und Schreibtisch hin und her.

Eine Weile klappt es noch, mit ihr zu telefonieren. Hier gäbe es alles, sagt meine Mutter, Zuckerbrot und Peitsche. »Was?«, frage ich entsetzt. Im nächsten Gespräch relativiert sie. Sie fühle sich sehr wohl. Eine der Schwestern sei zwar hart zu ihr, aber sie wehre sich schon.

Hin und wieder sei sie frappiert, berichtet mir die Pflegedienstleiterin, neulich zum Beispiel, als es ihr selbst sehr schlecht gegangen sei, sie müde und in zugegeben miserabler Laune das Zimmer betreten habe, habe meine Mutter gesagt: Heute ist ein trauriger Tag! In der Annahme, dass Madame mal wieder ihren eigenen Zustand beklage, habe sie abgewehrt, sie könne sie heute nicht trösten. Daraufhin habe meine Mutter erwidert: Das sei eine Feststellung!

Nein! Noch gibt sie nicht auf. Noch beobachtet sie ihre Umgebung, zieht ihre Schlüsse. Meint, andere und sich selbst therapieren zu müssen.

Dann stellt sie das Lesen ein. Bücher zu halten und sich zu konzentrieren sei zu anstrengend, sagt sie. Und bald ist auch das Telefon kein ihr in irgendeiner Weise noch nützlicher Gegenstand. Wozu es in die Hand nehmen und hineinsprechen? Was sagen die fremden Stimmen? Sie versteht sie nicht mehr.

Hatte ich geglaubt, dass ein Mensch, der so alt geworden war, offenbar den »Ausstieg« verpasst hat und folglich niemals stirbt? Natürlich nicht! Aber von Jahr zu Jahr weniger hatte ich mir eine Welt ohne meine Mutter vorstellen können. Und noch weniger hatte ich es für möglich gehalten, dass sich ihr Sterben über einen so langen Zeitraum hinziehen könne. Warum war es ihr nicht vergönnt, aus ihrem reichen Leben direkt in den Himmel zu fliegen? Zumal dies doch ihr größter Wunsch war.

Oder ist das, was sich hier gerade abspielt, ganz anders zu verstehen? Hat sie einfach die Reißleine gezogen, weil es für sie nicht in Frage kommt, zuzugeben, dass sie nicht mehr kann? Taucht sie unter, wird »verrückt«, weil das ihre einzige Chance ist? Weil sie weiß, dass man Verrückte sein lässt, wie sie sind, ihnen nichts abverlangt, keine Ansprüche mehr an sie stellt? Diese unendlichen Ansprüche, die zu erfüllen sie schon lange nicht mehr imstande war? Schmeckt sie ab, probiert sie aus, traut sie sich, was sie sich bisher noch nie getraut hat? Gefällt es ihr, *Frau Anders* zu sein, oder leidet sie? Ist alles, wovon sie berichtet, nur Grauen oder Bereicherung, eine völlig neue, in gewisser Weise sogar spannende Erfahrung? Sämtliche Defizite registriert sie nicht nur, sie analysiert auch, wohin sie nach ihrem Verständnis führen, entdeckt neue Systeme, die ihre Körperfunktionen steuern und kontrollieren. Sie sieht Tote um sich, hört Motorräder vorbeirasen, sieht rote Punkte an Zimmerwänden aufleuchten. Und sie kündet von alldem. Denn alles ist immens wichtig.

Ich lerne. Auch andere Wege der Kommunikation. Wenn man nicht mehr miteinander telefonieren kann, fängt man an, vom anderen zu träumen. Außerdem schreibe ich Briefe. Jahrelang haben wir nur noch gemailt, S. und M. lesen sie ihr vor.

Jeden Donnerstag gehen sie zu ihr. Ein immer gleich ablaufendes Ritual: Zunächst muss sich M. mit Stift und Zettel neben sie setzen und aufschreiben, was ihr im Lauf der letzten Woche noch so eingefallen ist. Wichtige Dinge! Für sie sei das ein Akt der Selbstvergewisserung, berichtet er mir. Der Selbstvergewisserung, nach wie vor top zu sein und – ganz wesentlich – auf »Personal« zurückgreifen zu können.

Auch als ihr irgendwann nichts mehr einfällt, sämtliche Briefe beantwortet und auch ihr letztes Hab und Gut auf immer neuen Listen unter ihre Lieben verteilt ist, bleibt es bei diesem Ritual, was zur Folge hat, dass ihre schon mehrfach diktierten Angaben bezüglich Grabgestaltung von Woche zu Woche, und sei es auch nur um einen winzigen Aspekt, variiert werden.

Dann darf S. ihr Gedichte, Meditationen und geistliche Texte vorlesen, anschließend werden noch alle wichtigen Geburtstage aus dem Notizkalender des vergangenen Jahres in den aktuellen übertragen. Geburtstage ihrer Kinder, Enkel und Urenkel, Gedenktage an Freunde und Verstorbene. Jeweils zwei Monate im Voraus.

»Weiter gucken wir nicht«, sagt meine Mutter.

Zuletzt nehmen M. und S. noch neue Aufträge entgegen. Zum Beispiel braucht ihr Gehwagen dringend neue Räder oder ihr Hörgerät frische Batterien (obwohl sie keines der beiden Hilfsmittel noch benutzt).

Irgendwann fragt sie die beiden, als sie das Zimmer betreten: »Warum kommt ihr mitten in der Nacht?«

Tageszeiten, Wochen, Monate fangen an zu verschwimmen.

Sie ist jetzt »Pflegestufe 3«. Nur noch für kurze Zeit am Tag steht sie auf. Ihr Bett, ein Fenster, eine Tür und drei Zimmerwände ihre ganze Welt. Schon die Wand hinter ihr ist Jenseits. Sie vermag kaum noch den Kopf zu drehen.

Drei Wände, die sie vorfindet, wenn sie aufwacht, auf die der letzte Blick fällt, ehe sie einschläft. Ein Guckkasten, in dem die Pflegerinnen, der Arzt, sämtliche Besucher auftreten, sich zu ihr beugen, sie anfassen, sie küssen, sie abtasten, sie eincremen und aus dem sie wieder gehen.

Mit der Wanduhr, die ich ihr zur besseren Orientierung besorgt hatte, auf der außer der Zeit auch noch die Wochentage und der jeweilige Monate als Worte zu lesen sind, weiß sie nichts anzufangen. Diese Angaben stimmen nicht mit ihrem System überein. Oft spricht sie von englischer oder amerikanischer, ja sogar afrikanischer Zeit. Oder fragt, als meine Schwester, die in Holland lebt, ihren Besuch ankündigt, ob die Wochentage dort denn die gleichen wie bei uns seien.

Ihre Toten besuchen sie: Ein Vetter, ihr Sohn E.V., auch Will, ihr geschiedener, 2003 gestorbener Ehemann, obwohl er zu seinen Lebzeiten schon lange nicht mehr in ihrer Nähe war. Nach dem Tod meines Bruders, 1982, hatten sich die beiden zuletzt gesehen. Aber auch Lebende schauen herein, ohne dass sie selbst davon wissen. Bald vermag ich nur an Blumen oder kleinen Geschenken abzulesen, ob die, von denen sie erzählt, tatsächlich zu Besuch waren.

Eine ihrer alten Freundinnen kommt regelmäßig. Meine Mutter erzählt mir von ihr und sagt, jetzt begreife sie deren seltsames Benehmen.

»Wie, seltsam?«, frage ich.

Sie sitze kaum mehr still auf dem Stuhl, laufe ständig herum, um angeblich das eine oder andere im Zimmer zu arrangieren. Blumen zu gießen, an der Gardine zu zupfen, irgendwas. »Die weiß jetzt nichts mehr mit mir anzufangen. Ich verunsichere sie.«

Bemerkt man die eigene Veränderung, ohne selbst auch nur irgendetwas daran ändern zu können?

An anderen hatte meine Mutter körperliche wie geistige »Besonderheiten« rasch registriert, benannt, therapiert. Intuition und medizinisches Know-how waren der Fundus, aus dem sie schöpfte und den sie auch auf sich selbst anwandte. So registrierte sie ihre im Alter zunehmenden Defizite nicht nur, sie führte in ihrem *Dagbok för Åren 2003–2012*, ihrem schwedischen Zehn-Jahres-Notizkalender – in dem ich ein

Jahr nach ihrem Tod blättere –, auch gewissenhaft Buch über Gegenmaßnahmen. Und dass nicht ohne Humor. Ihre täglichen Eintragungen, banale Begebenheiten, genossene Speisen, gelesene Bücher, Veranstaltungen, Begegnungen, lesen sich durchaus amüsant.

19. 7. 2009: Ich feiere mein neues Gebiss mit Vanilleeis ohne Haftcreme. Herrlich!

Sie verstand es, körperliche Defizite nicht nur zu beklagen, sondern sie als Chance zu begreifen, Menschen, die ein Leben lang mit Behinderungen zu kämpfen haben, besser zu verstehen. Wie verändert sich die Welt, wenn das Gehör nachlässt, was bedeutet es, wenn der Gleichgewichtssinn gestört ist, wie kompensiert man eine versehrte Hand. Interessant!

11. 1. 2010: 4 Uhr wach, von 5–7 gelesen, dann gewagt zu duschen. Schön warm. Kopf steif gehalten. Lerne neue Möglichkeiten, ohne »Nackenknick« nach oben zu gucken.

Fast mutet dieses Tagebuch an, wie ein *inneres Gedächtnis*, ein *Buch des Lebens*, wie Swedenborg es ausdrückte, in dem alle Taten aufgezeichnet sind, das vor *einem Gericht ohne Richter* vorgelegt wird, *zur Klärung des eigenen Lebens.*

Auch wenn die Freundin nichts mehr mit meiner Mutter anzufangen weiß, soll sie die alte Schreibtischlampe erben. M. muss ihr schreiben: *Du kannst sie drehen und wenden, und jedes Mal, wenn du sie anknipst, sollst Du wissen, dass ich bei Dir bin.*

Dann kommt der 21. November, ihr Geburtstag, ihre für die Residenz mit allem Pomp vorbereitete Benefizveranstaltung (ich habe eine Lesung in Freiburg), und sie scheint nicht mehr daran interessiert zu sein. Allein der Kuchen, den die Pflegerinnen im Heim für sie gebacken haben, habe ihre Aufmerksamkeit geweckt, höre ich nach meiner Ankunft am folgenden Tag. Ich frage sie, ob sie wisse, dass das große Ereignis jetzt über die Bühne sei, und sie bejaht. Ohne Emotionen. S. habe ihr doch noch am gestrigen Abend die CD vorgespielt, die während der Veranstaltung gemacht worden sei. Die sehr persönlich gehaltene Rede des Leiters der Residenz bleibt unkommentiert. Vielleicht hat sie diese gar nicht verstanden? Aber dann will sie wissen, ob auch der mit ihr befreundete Pfarrer aus Dänemark »anwesend« gewesen sei. Ich versuche ihr in Erinnerung zu rufen, dass es sich um eine Benefizveranstaltung gehandelt habe, nicht um eine kultische Zeremonie. Sie ist enttäuscht.

Der Tag darauf, ein schwerer Tag. Wir müssen ihre Wohnung in der Residenz räumen.

Gemeinsam hatten wir hier vor fünf Jahren alles eingerichtet, viel Liebe und Bedacht darauf verwendet. Unsere Mutter hatte ihr großes Haus verlassen, sie sollte es in ihren zwei Zimmern schön haben.

Und dann sitzen wir da, ihre älteste Tochter, aus Holland angereist, ihre beiden Söhne, zwei Schwiegertöchter, M., S. und ich, ihre Jüngste. Voller Wehmut und doch heiter ob der kuriosen Angaben, die sie für ihren »Umzug«, nicht »Auszug«, zu Papier gebracht hat. Daraus geht hervor, dass sie nicht nur noch genau weiß, was sie besitzt und wo genau in ihrer Wohnung es sich befindet, sondern auch, wer welchen Gegenstand und vor allem *wie* bekommen soll. In einigen Fällen hat sie sogar erklärt *warum.*

Ich lese vor:

UMZUG MORGEN. EINZELPOSTEN.

C. (ihr zweiter Sohn) *erhält die große, blau gemusterte Bodenvase mit den Walking-Sticks, die ich ihm gern noch vollgepackt hätte. Das möge nun bitte S. für mich tun: Erstens das kleine Päckchen grob gemahlener Mandeln in Silberfolie, zweitens den kleinen Mandel-Holzknacker, auch in Folie, drittens eine kleine Flasche edlen Weißweins, mit »Schutzengelpuppe« versehen. Obenauf die handgearbeitete Maultrommel.*

Auf dem ersten unserer wenigen Spaziergänge, die wir Ende Oktober letzten Jahres von ihrem jetzigen Zuhause, dem Pflegeheim, aus durch die kleine Siedlung unternahmen, als sie noch Freude daran hatte, kurze Runden mit dem Rollator zu drehen, waren wir in einen Kunstgewerbeladen geraten, das einzige Geschäft weit und breit, und sie hatte sich einen Schutzengel aus Stoff ausgesucht. Einen Talisman. Am liebsten hätte sie den ganzen Laden leer gekauft, so schön fand sie all diese Dinge, die sie wenige Wochen zuvor missbilligend als Kitsch abgetan hätte. Von dem Erwerb einer Laterne für ihr Grab hatte ich sie zum Glück noch abbringen können. Und nun sollte ihr zweiter Sohn diesen kleinen Schutzengel haben. Einen Gegenstand, durch den sie offenbar ihr neues Zuhause mit ihrem alten Zuhause, ihrem Appartement in der Residenz, verband.

Die Uhr bleibt bei M.

Ihre schwedische Standuhr, ihren kostbarsten Besitz, dachte sie jetzt also dem zu, der ihr im Lauf der vergangenen Wochen so unentbehrlich geworden war. Dem sie vertraute. Ihrem Enkel M.

Diese Uhr, wird er später erzählen, sei es gewesen, worauf er sich, wenn Besuche bei der Großmutter anstanden, gefreut und woran er sich erinnert habe. Beeindruckend! Andächtig habe er davor gesessen, das Ticken gehört, das Schlagen erwartet. Keines der von der Großmutter empfangenen Geschenke habe es mit der Erinnerung an die Uhr aufnehmen können.

Die braune Salatschale aus der Behindertentöpferei geht an R. (ihre Schwiegertochter), *die aufpassen wird, dass nicht zu viele Mandeln in den Salat kommen.*

E.V. (ihr dritter, toter Sohn) *ist uns vorausgegangen. Ich trage seinen Ring und möchte das auch im Grabe tun! An der Leiche!*

Ein paar Wochen später revidiert sie diese Angabe und teilt mir mit, ich solle den Ring an mich nehmen. Einen schmalen Weißgoldring mit kleinem Brillanten, den sie sich noch in U. hatte machen lassen, dem Ort, in dem unser Bruder vor achtundzwanzig Jahren auf der Intensivstation gestorben war. Dreißig Stunden nach seinem Fahrradunfall. Die Gravur hält das für uns alle unvergessliche Datum fest: *30./31. 5. 82.*

Auch I., ihre älteste Tochter, und L., ihren ältesten Sohn, hat sie bedacht. Selbstverständlich auch ihre Schwiegertöchter. Selbstverständlich auch die anderen Enkel. Und ihre Urenkel. Für jeden hat sie einen kurzen Kommentar verfasst. Einer lautet so:

V. ist kein Freund von Einrichtungen. Ich schlage also vor, dass er sich für seine vielen Umzüge in fremden Ländern einen Schatz sucht. Ich denke, die abstrakte Graphik von R. (von mir) *würde ihm guttun.*

Außerdem gibt es noch *ERLÄUTERUNGEN ZU DEN EINZELPOSTEN:*

Es scheint mir zweckmäßig, wegen der Protokollierung mit dem Schmuck zu beginnen, obwohl er für das Benefizkonzert nicht relevant ist, wohl aber für die 1. Konferenz. Denn der ordinierte Leiter der Konferenz hat den hängenden Amethyst anzulegen, egal ob Mann oder Frau, beide gehören zur Elternschaft. Ein Vater kann ebenso gut ein hängendes Medaillon tragen wie eine Mutter. Der dazugehörige Ring wird auf ein Samtband aufgezogen …

Welch abenteuerliche Mixtur aus Vermächtnis, einer Benefizveranstaltung, der Neuorganisation ihres Instituts und ihrer schon im Krankenhaus entwickelten, neuen Therapiemethode! Außerdem existiert, ihrem jetzigen Verständnis nach, ein Fonds, verwaltet von einer gewissen *Frau H.*, aus dem selbstverständlich nur *nach Rücksprache mit Frau H.* Geld für Kleinigkeiten entnommen werden darf. *Frau H.* wird für uns zum geflügelten Wort. Immer wenn etwas unklar scheint, ruft jemand: *Frau H. fragen!*

Möbel, Bilder, Bücher, Geschirr, Fotos, Computer, Papiere. Zwei Zimmer, ein Kellerraum einer seit wenigen Tagen Dreiundneunzigjährigen, ein »Moloch an Erinnerungen«, den wir gern erhalten würden, aber nicht erhalten können. Von dem wir uns jetzt trennen müssen. Unwiderruflich.

»Und schon wieder ein fremder Mensch im Badeanzug«, sagt R., die Frau meines zweiten Bruders, und hebt ein Foto vom Boden auf. Schachteln und Alben machen die Runde. Wir wühlen darin, ziehen einzelne Fotos heraus, amüsieren uns, erzählen uns kleine Geschichten. »Wisst ihr noch …«

Ich übernehme die Durchsicht ihrer Papiere, die anderen packen ein. Die Beteuerung, nichts von alldem haben zu wollen, mit der jeder am Morgen die Wohnung betrat, ist, gottlob, längst vergessen. Vor allem der Satz: Bloß keine Bücher!

BÜCHER:

Jeder kann Wünsche anmelden, mit Begründung zu Vorzugspreisen kaufen oder über Google laufen lassen. R. (ich) *wird entscheiden, wann welcher Rest den üblichen Weg geht. Frau H. informieren. Schwedische Literatur eventuell an Schwedische Kirche. Geistliche Literatur ans Priesterseminar.*

Gegen Abend sind die braunen Regale im Wohnzimmer meiner Mutter so gut wie leer, und bevor alle gehen, lese ich noch die beiden letzten Seiten ihrer Anweisungen vor.

Überschrift: *VORSTELLUNG AUS FANTASIA.*

Eine minutiöse Darlegung, wie nach ihrem jetzigen Verständnis ihr noch vorhandenes Geld verteilt werden soll und wie sie sich die Veräußerung der

Standuhr, falls doch nötig, vorstellt. Oft genug in ihrem langen Leben hat sie erfahren, wie instabil auch sogenannte gute Verhältnisse sind. Gutshöfe ließen sich nicht halten und mussten unter Wert versteigert werden, Geerbtes wurde vergeudet, einstmals reiche Verwandte waren plötzlich verarmt. Begriffe wie *Zinssteigerung* oder *Zinsfreies Kapital*, wirbeln durcheinander. Fazit:

Ich gelte als eine nicht mehr entscheidungsfähige alte Aristokratin, die wahrscheinlich mit gerichtlich bestelltem Finanzmakler auftritt, der keine Ahnung vom Wert einer Rarität auf dem Kunstmarkt hat. Geschätzt ist die Uhr mit fünftausend Euro. Testamentsvollstrecker ist R. (ich), *sie entscheidet nach Geschäftsreport.*

Am folgenden Morgen räumen meine Schwester und ich noch den Keller. Ein Schrank voller Schachteln mit Polaroids der von meiner Mutter therapierten Kinder. Beim Spielen, Basteln, Singen. Fasching und Sommerfeste. Mappen mit Kinderbriefen, mit von Kindern gemalten Bildern. Stapel von Briefen dankbarer Eltern … *werden wir nie vergessen, was Sie für unsere Tochter und damit für unsere gesamte Familie getan haben.* Außerdem stoßen wir auf ihre schon vor Jahren ausrangierte Pelzmütze und dicke, auch längst in Vergessenheit geratene Winterstiefel und sind uns rasch einig, dass auch diese niemand mehr braucht.

Und ein großer Karton. Voller Briefe. Mit Bindfäden zu kleinen Päckchen zusammengeschnürt. Ein kurzer Blick auf die Umschläge: Die Handschrift meines Vaters! Für wen hob meine Mutter sie noch auf? Für sich? Irgendwann hatte sie alle sortiert und gebündelt, klar. Aber wen gehen sie etwas an? Außer sie selbst? Dennoch, solche Briefe wirft man nicht weg. Also nehme ich sie mit.

Erst drei Jahre später, in Berlin, werfe ich einen Blick auf diesen Schatz. Zeugniss einer Liebe, die 1933 auf Capri begann.

Meine Großmutter hatte sich um 1930 zusammen mit ihrer Tochter von Schweden aus auf den Weg gemacht, etliche Länder bereist. Zunächst für zwei Jahre in Stuttgart ein Lehrerseminar besucht. Meine Mutter hatte Deutsch gelernt. Von dort waren sie weitergezogen in die französische Schweiz, meine Mutter hatte Französisch gelernt. Meine Großmutter führte ein Mädchenpensionat. Dann hatten sich Mutter und Tochter einer Reisegruppe angeschlossen, die in den Vorderen Orient aufbrach. Welche Sensation! Zwei allein reisende Damen auf einem Schiff, auf Kamelen vor der Cheopspyramide! Herablassende, verächtliche Sätze über die ägyptische Bevölkerung hatte ich im Reisetagebuch meiner Großmutter gelesen. Anschließend waren beide für eine Weile in Italien geblieben, zunächst in Rom, dann auf Capri. Empfänge im Haus von Axel Munte, Strandleben. Meine Großmutter schrieb kleine Artikel für schwedische Zeitungen und unternahm immer wieder und vergeblich Versuche, ihren Bruder, den Baron und Gutsbesitzer, dazu zu bewegen, ihr Geld zu leihen. Doch der hatte es verstanden, sein Hab und Gut vor der maßlosen Schwester zu schützen. Meine Mutter, die scheue blonde Comtesse, ein gefundenes Fressen für gierige Männerblicke. Oft sei sie auf dem Rückweg von ihrer Geigenstunde durch enge Gassen nach Hause gerannt.

Und dann, der besagte Sommer 1933, in dem auch Will auf seiner »italienischen Reise« gleich nach dem Abitur nach Capri kam. Und sie sich fanden, die beiden schönen, groß gewachsenen jungen Leute.

Eintrag in ihrem *Dagbok* am 31. Juli: *Es war einmal 1940 in Berlin.* Ihr Hochzeitstag.

Die ersten Briefe schrieb Will nach Schweden. Sie erreichten meine Mutter, noch unter ihrem Mädchennamen, auf dem kleinen Gut Källan bei Stockholm, wo sie mit ihrer Mutter nach der Rückkehr aus Italien lebte, wieder zur Schule ging, ihr Abitur machte und anschließend noch mehr als ein Jahr lang Angorakaninchen züchten musste – eine der

Einnahmequellen meiner Großmutter neben Kinderbetreuung –, ehe sie endlich zu ihrem Liebsten nach Deutschland aufbrechen und hier ihr Medizinstudium aufnehmen durfte. Ab 1937 lese ich Berliner Straßennamen. In offensichtlich drei verschiedenen Wohnungen hat meine Mutter gelebt, ehe sie heiratete. Von da an lautet die Anschrift *Detmolder Straße.* Die letzten dieser Briefe schrieb mein Vater 1947. Wieder nach Schweden. Nach Bergkvara. Dem großen Gut von Onkel und Tante, die seine Frau und seine damals drei Kinder für zweieinhalb Jahre aufnahmen.

Nur ein paar dieser Briefe ziehe ich heraus. Dann schließe ich den Karton.

Der letzte Akt in der Residenz am Tag nach der Räumung des Appartements: »Die wilden Kerle«. Ich stehe am Fenster und beobachte, wie ihr Kombi langsam rückwärts auf das Haus zurollt.

Es klingelt. Stiefel, Plastiksäcke, Krawall.

Warum stellt man sich vor, dass Dinge, die man selbst nicht mehr braucht, für andere von Wert sind? Ich hatte erwartet, sie gingen sorgfältig mit den Sachen um, packten alles in Seidenpapier … Stattdessen zerspringt Geschirr, werden Regale zerhackt. Nur Sofa und Bett bleiben heil.

Ohne eine Antwort auf ihre Frage, ob sie eintreten

dürfe, abzuwarten, schaut eine Fremde herein, die Nachmieterin, steigt über Säcke und Kartons, besorgt, ob ihre Möbel denn auch tatsächlich Platz fänden. Dann geht sie. Lässt einen süßlichen Geruch zurück. Schlimm die Vorstellung, dass es in dem kleinen Appartement meiner Mutter schon bald so fremd riechen wird!

Plötzlich ihr Bett, quer in der Tür. Die Männer zerren und schwitzen. Mit jedem Möbelstück, das ein Zimmer verlässt, scheint dieses weiter zu schrumpfen. Immer enger scheinen die Wände zusammenzurücken. Hatte all das tatsächlich einmal Platz hier? Die Schritte hallen, überlaut jetzt die Stimmen. Zuletzt: ein Karton mit Putzmitteln auf dem Parkett des sonst völlig leeren Schlafzimmers. Den dürfen sie nicht mitnehmen, sagt einer der Kerle, das sei verboten, reicht mir einen Zettel, ich unterschreibe. Und weg sind sie.

Alle Gebete und Hoffnungen, die einmal in diesen beiden Zimmern waren, fort! Alle Bilder sind abgehängt, die Nägel gezogen. Die Löcher in den Wänden die einzigen Zeugen …

Mir fällt unser erster Rundgang durch die Residenz wieder ein. Unsere gemeinsamen Erwägungen, ob diese Umgebung denn auch tatsächlich die richtige für meine Mutter sei.

Ich: »Das Gebäude liegt direkt in der Einflugschneise des Flughafens, das wird ziemlich laut.«

Sie: »Wo ist das Problem? Ich nehme meine Hörgeräte raus.«

»Und die vierspurige Straße? Unten, direkt vor dem Haus?«

»Ist doch toll, da bewegt sich jedenfalls was.«

Lange genug hatte sie »im Grünen« gelebt. Sie wollte zurück ins Leben. Menschen, Verkehr, Häuser sehen. Und jetzt war das alles vorbei. Jetzt war sie Pflegestufe 3 im Pflegeheim.

Am folgenden Tag berichte ich ihr. Sie scheint nicht traurig zu sein. Im Gegenteil. Sie fühle sich hier pudelwohl, und im Übrigen werde ich mich ja wohl daran erinnern, dass sie dem Tod schon mehrfach »von der Schippe gesprungen« sei. Ich bitte sie darum, meine schlechte Erinnerung aufzufrischen.

Als Säugling, als Bündel sei sie aus dem Einspänner gefallen, mit ungefähr sechs um ein Haar verbrannt, als ihre Puppe am Kamin Feuer fing. Zum Glück habe ihre Mutter, Eja, wie wir, ihre Kinder, unsere Großmutter nannten, die Flammen mit einer Decke erstickt. Der dritte Vorfall habe sich in Paris zugetragen. Dort sei sie, ungefähr dreizehn Jahre alt, bei einer Kutschfahrt in einer Kurve vom Klappsitz gerutscht und aus der Tür geflogen. Sie habe die großen Räder schon auf sich zukommen sehen, aber irgendjemand am Straßenrand habe sie an den Beinen gepackt und weggezogen.

Sie lächelt. »Und so bin ich noch da.«

»Immer peu à peu, und nicht erschrecken!«, sagt Frau O. hinter uns.

Auf der Kommode glänzt die kostbare Lackdose. Die Troika auf dem Schraubdeckel.

Erst ein Dreispänner, dann ein Zweispänner, zuletzt nur noch ein Pferd …

Am nächsten Tag sieht sie mich traurig an: »Was soll man denn machen, wenn die Gedanken da sind, aber niemand, mit dem man sich unterhalten kann.«

Frau O. kommt nicht infrage. Deren zaghafte Versuche, sich über Kommentare in unsere Unterhaltungen einzuklinken, scheitern allesamt. Nichts, was aus dem Bett dahinten kommt, lässt meine Mutter an sich heran. Oder dringt tatsächlich nur noch an ihr Ohr, was jemand, der direkt vor ihr steht, sagt?

Ich frage sie, ob sie noch einen Wunsch habe, und sie sagt, sie würde gern noch einmal dabei sein, wenn eines ihrer Kinder eine Veranstaltung mache. Das sei aber kein richtiger Wunsch, sondern eher eine Erinnerung. An etwas, das sehr schön gewesen sei.

Will sie mich schonen, mir mein schlechtes Gewissen nehmen, weil ich ihr nicht mehr von meinen Veranstaltungen berichte?

»Du kannst jetzt Pause machen«, sage ich, »loslassen. Alles, was zu tun war, hast du getan.«

Sie schaut mich lange an.

Was weiß ich von dem, was sie vielleicht noch zu erledigen hat? Sie war immer auf meiner Seite, hat mir nie Steine in den Weg gelegt. Mich bejaht. Von Anfang an. Als sie schwanger mit mir war, war sie schwer erkrankt, die Ärzte rieten ab von einem fünften Kind. Das sei nicht zu schaffen, das Risiko zu hoch. Ihr Mann werde Witwer, vier Kinder Halbwaisen. Aber sie konsultierte einen anderen Arzt, welcher ihr den für sie wie für mich folgenschweren Satz an den Kopf warf: Wenn Sie es wollen, schaffen Sie es auch.

Sie hatte es geschafft. Sie hat mich gewollt.

Und jetzt will ich das Beste für sie. Warum nur ist der Weg zur engen Pforte so beschwerlich und so weit, warum kann ein Mensch nicht sterben, wenn er es doch wünscht und will?

Eindeutig ist aber auch, dass sich meine Mutter auf ihre Art mit ihrem jetzigen Zustand, diesem »Irgendwo«, arrangiert hat, sich in gewisser Weise sogar darin wohlfühlt. So ist die oberste Schublade ihrer Kommode jetzt zum *Bistro* mutiert, und nur noch dort, in der obersten aufgezogenen Schublade, wird ihr das Essen serviert. Halb sitzt, halb hängt sie davor, die Arme aufgestützt, einen Latz vor der Brust, und schlürft gierig den Brei. Alles, ob Fisch, Gemüse oder Reis, muss jetzt zu Brei püriert werden.

Diese Gleichzeitigkeit von Wegwollen, diesem Wunsch, dass alle Mühsal bald ein Ende haben möge, und dieser Gier nach Dasein, nach Essen setzt mir zu. Wie ist das zu verstehen? Wenn sie nach dem Becher greift, ihn mit beiden Händen zum Mund führt und auf dem Strohalm herumbeißt, kommt sie mir vor wie ein gierig saugender Säugling.

Essen. Trinken. Schlafen.

Werden die Alten Kinder?

»Ich werde aus diesem Saft nicht schlau«, sagt meine Mutter.

Drei Becher stehen jetzt immer an ihrem Bett bereit, werden ständig nachgefüllt. Sind Ärgernis und Wohltat zugleich. Der eine Saft ist zu süß, der andere zu sauer, der eine Tee zu heiß, der andere zu kalt. Ständig gibt es was zu nörgeln. Manchmal knickt der Strohhalm um, und sie saugt vergebens, manchmal verschluckt sie sich und spuckt das Bett voll. Wenn der Praktikant das Unglück kommen sieht und ihr zu Hilfe eilen will, sagt sie: »Der junge Mann überschreitet seine Kompetenzen. Der ist ein kleiner Angeber.« Oder sie greift zur Klingel und beschwert sich, wenn nicht augenblicklich jemand neben ihrem Bett erscheint und wieder Ordnung schafft.

Einmal sagt sie, als ich ihr den Becher reiche: »Halt mich am Hinterkopf! Sonst gibt es einen Wasserschaden im Keller.«

Auch Frau O. bekommt Besuch. Einmal in der Woche sitzt ihr Sohn an ihrem Bett und liest ihr vor. Laut und deutlich. Heute »Die Geschichte von der Weihnachtsmaus«. Wir haben inzwischen Advent. Ich könnte heulen. Aber meine Mutter schläft tief, und keine Weihnachtsmaus dringt zu ihr.

Nachdem der Sohn seine Mutter geherzt und geküsst hat und gegangen ist, streicht Frau O. ihre Bettdecke glatt und sagt: »Im Großen und Ganzen bin ich müde. Soll ich noch ein bisschen schlafen? Wir könnten draußen Kaffee trinken, und jeder nimmt sich so viel Kuchen, wie er mag. Wenn es zu kalt wird, gehen wir wieder rein. Oder wie habt ihr euch das gedacht?« Sie schweigt, wartet ab und plappert dann, weil ihr niemand antwortet, weiter fort. Auch für sie scheint der abwesende andere immer noch anwesend zu sein. »Ich wollte ja mit dem Rad fahren, aber es war mir zu ungemütlich. Ich möchte, dass es so ist, wie es immer war. Das ist gut. Wo bleibt denn die Sonne? Kommt morgen.«

Meine Mutter wacht auf, ein schrecklicher Hustenanfall schüttelt sie.

Frau O. ruft uns bestürzt aus ihrem Bett zu: »Ihr müsst heiße Milch mit Honig machen!« Dann will sie wissen, ob wir Probleme hätten, wir sprächen ja gar nicht mehr miteinander. Ich bitte sie darum, einen Moment still zu sein, meine Mutter habe geschlafen, und das sei keine Erkältung, sondern etwas ganz anderes.

»Gut«, sagt sie, »ich halte jetzt den Mund.« Sie sei zwar uralt, aber das müsse man nicht betonen.

Als meine Mutter wieder sprechen kann, sagt sie, es habe ihr zwar gutgetan, dass ich ihr gesagt hätte, sie könne jetzt loslassen. Aber das stimme ja leider nicht ganz.

»Wieso?«, frage ich.

Es gäbe noch so einiges.

»Zum Beispiel?«

»Der Stuhlgang.« Sie habe jetzt erfahren, was sie falsch mache. Wenn sie die zweite Leitung erwische, ginge es gut, sonst eben nicht.

»Und außerdem?«, frage ich.

Ihr Karma liefe darauf hinaus, ihre Methode zum Umgang mit Dementen durchzusetzen. Im Krankenhaus seien begabte Leute gewesen, die könnten das übernehmen. Es sei ihre Pflicht, das weiterzugeben, sie habe viele übersinnliche Dinge erlebt. Perlen gesehen. Schmuckstücke des Himmels.

Die örtlichen Behörden haben auf ihren Umzug reagiert. Der Bürgerverein lädt die neu Zugezogenen *zur unterhaltsamen Adventsfeier selbstverständlich auch mit Ehegatten oder Partnern* ein. Im selben Umschlag findet sich auch ein Heft mit *Trends und Tipps für Ihren Neustart.* Offensichtlich macht sich in diesem kleinen Ort niemand die Mühe, vor Aussendung solcher Post die Geburtsdaten der Neubürger anzusehen. *Wir hoffen, dass Sie gute Laune mitbringen, und verbleiben mit freundlichen Grüßen, der Vorstand.*

In Marrakesch käme niemand auf die Idee, den Alten Broschüren für ihren Neustart zu schicken.

Wer eigentlich sind die Verrückten?

Meine Mutter bittet mich darum, mich zu ihr zu setzten, um den Text ihrer Todesanzeige abzusprechen. Ich nehme Zettel und Stift, rücke den Stuhl an ihr Bett und frage: »Vorweg vielleicht ein Zitat?«

Nein, das sei ihr zu missionarisch. »Aber den schwarzen Rand etwas nach innen, bitte.«

»Wie, nach innen?«, frage ich.

Sie wolle einen kleinen Abstand zu den anderen Anzeigen in der Zeitung wahren.

Worüber sie sich Gedanken macht!

»Etwas kompliziert«, sage ich, »lass uns erst mal den Text besprechen.«

Die Auflistung sämtlicher Familienmitglieder kommt für sie nicht infrage, das seien zu viele. Also was? Über allem ihr Kreuz, das Andreaskreuz! Verstanden. Dann ihr voller Name, dazu ihr Mädchenname, darunter die Daten: »Links, 21. November 1917, rechts ...«, sie stockt, denkt eine Weile nach, aber das, wonach sie sucht, fällt ihr nicht ein. »Weißt du es?«

»Nein«, sage ich.

»Vergessen?«, fragt sie.

»Nein, wir wissen es ja noch nicht.«

Da lacht sie los, und ich lache mit. Und die Pflegerin, die ins Zimmer kommt, meint, hier herrsche ja eine Bombenstimmung.

Dritter Monat

Zunächst wieder Freiburg. Mehrmals pro Woche telefoniere ich mit S. und M. und mit dem Heim. Dort höre ich, dass es jetzt richtig schwierig werde mit ihr, weil sie jeden, der das Zimmer betritt, herumkommandiere. Manch einer vom Team weigere sich schon, zu ihr zu gehen. Sie wolle auch nicht einsehen, wie irrsinnig es sei, für maximal eine Stunde am Tag Stützstrümpfe anzuziehen. Länger halte sie sich aber nicht mehr außerhalb des Bettes auf. Und jeder stelle sich logischerweise die Frage, wozu dieser Aufwand?

Bei meinem nächsten Besuch erklärt sie mir jedoch, dass sie kein Mensch mehr sei, wenn sie nicht wenigsten einmal am Tag Strümpfe und Schuhe anziehe – was wäre dagegen einzuwenden? –, und überhaupt brauche sie mehr Zuwendung.

Ihre Puppe heißt jetzt *Gotteskind* und nicht mehr *Brise*, sie hat sie umgetauft. Nach wie vor spielt sie hier eine enorme Rolle. Niemand darf sie umsetzen. Nur meine Freundin S. aus Kiel, eine Übersetzerin, die auch Schwedisch spricht, darf *Gotteskind* während ihres Besuchs im Arm halten. Ich mache ein Foto von den dreien. Sie lachen. Aber in den Augen meiner Freundin und meiner Mutter sehe ich Tränen.

Wir versuchen die Situation für alle zu entschärfen, organisieren eine Extrapflege. Für die ich zusätzlich zahle. Jetzt kommt morgens eine weitere Pflegekraft, versorgt die anderen Heimbewohner, während die Pflegedienstleiterin sich genügend Zeit für meine Mutter nehmen kann, die sie jetzt sogar beim Vornamen nennen darf. Trotz aller Schroffheit, die hier herrscht, fangen die beiden an, sich zaghaft zu lieben.

Bei meinem nächsten Besuch teilt meine Mutter mir mit, sie habe in ihrem *Bistro* Schokolade und Pralinen, die Mädchen hier freuten sich immer, wenn sie ihnen ab und zu etwas davon gebe.

Mal wieder die Gutsherrin, die sich ihrem Personal gegenüber gütig zeigt. Hast du eine Ahnung!, denke ich.

Adventszeit! Das ganze Haus steckt voller Süßigkeiten. Niemand vom Pflegepersonal mag das Zuckerzeug mehr sehen. Auch Frau O. bekommt jetzt täglich neues Naschwerk geschickt und isst kaum noch davon. Was meinen Verwandte und Freunde eigentlich, was für einen Sinn das macht, ihre Alten in der Vorweihnachtszeit derart mit Süßigkeiten zu überschütten? Geradezu grotesk, die beiden schlafenden, leise vor sich hin schnaufenden Damen in ihrem Meer aus Schleifen und Buntpapier.

Mein älterer Bruder kommt nach einer Weihnachtsfeier vorbei, malt meiner Mutter das üppige Buffet aus, schwelgt von zwei Sorten Erdbeeren, wovon er ihr eine kleine Menge mitgebracht hat. Einer süßen und einer herben. Soll sie staunen?

»Welche von beiden möchtest du probieren?«

Sie kann sich nicht entscheiden, wartet ab, bis er gegangen ist, und lässt das Körbchen mit den roten Früchten unbeachtet stehen.

Ob es nicht besser sei, schlage ich ihr vor, all die Süßigkeiten aus dem *Bistro* gleich weiterzuverschenken, anstatt sie aufzuheben? Vielleicht an die Köchin oder an die kleine Tochter der Putzfrau. Ein blondes Mädchen, das manchmal durchs Haus geistert, die Tür öffnet und altkluge Sätze sagt. Heftiger Protest! Sogar sortieren muss ich das Vorhandene, die dunkle Schokolade beiseitelegen, die sei gut fürs Gehirn! Den Rest muss ich wieder in der mittleren Schublade verstauen.

Im Frühjahr hebe ich heimlich die inzwischen verdorbenen Schätze und werfe sie in den Müll.

Vier Tage vor Weihnachten fahren H. und ich in die Schweiz. Tiefer Schnee, verwunschene Landschaften, ein Hotel, das gerade erst fertig geworden ist, in dessen Zimmern es nach frisch verarbeitetem Sperrholz riecht und in dem man sich fühlt, als sei man in einer Jugendherberge. Die Nächte sind kurz, immer wieder schrecke ich aus dem Schlaf. Ob sie noch lebt? Von hier aus würde ich es nie schaffen, noch »rechtzeitig« zu kommen.

Heiligabend in der Frühe brechen wir auf, heftiger Schneefall, der Pass ist gesperrt, wir kehren um, fahren eine weite Stecke zurück. Als wir Freiburg erreichen, sind alle Läden geschlossen, H.s Menüpläne platzen. Die Stimmung sackt. Immer mehr.

Zwei Tage später fahre ich wieder los, H. bleibt zuhause, auch wenn alle Büros noch bis zum 6. Januar geschlossen sind. Der Zug ist übervoll. Um mich herum Menschen mit Bergen von Weihnachtspäckchen.

Wieder ein paar Tage Pflegeheim. Jeden Morgen gegen elf Uhr bin ich bei ihr.

Weihnachten sei nicht das richtige gewesen, sagt meine Mutter. Laut Bericht der Pflegerinnen ist sie tatsächlich zum Krippenspiel mit in das Wohnzimmer gekommen, hat mitgesungen und Kekse gegessen. Doch sie erzählt mir, es sei ihr sehr schlecht gegangen, ihr sei schwindlig gewesen, sie habe ihre Hände nicht mehr bewegen können, aber niemand sei ihr zu Hilfe gekommen.

»Stell dir das vor! Was kann man tun ohne Hände?« Sie habe um den Besuch des Pfarrers gebeten, aber auch der sei nicht erschienen.

Ich versuche sie daran zu erinnern, dass Pfarrer, wie sie ja wisse, Weihnachten in ihrer Gemeinde gebraucht würden, und nur im äußersten Notfall abkömmlich seien. Und heute könne sie ihre Hände ja schon wieder prima bewegen.

Sie empfängt mich am Schreibtisch, ein paar Notizen vor sich. Sie hat nachgedacht. Und fragt mich, was eigentlich der Grund für ihre Einlieferung ins Krankenhaus gewesen sei und warum sie jetzt hier lebe und nicht mehr in ihrer Wohnung.

Ich versuche, ihr den Zustand zu beschreiben, in dem sie sich vor etwa drei Monaten befunden habe, dass wir in großer Sorge um sie gewesen seien, dass sie nicht mehr allein zurechtkomme und jetzt, wie sie selbst ja am besten wisse, auf fremde Hilfe angewiesen sei.

Sie hört aufmerksam zu, fischt einen leeren Zettel aus ihren Papieren heraus und schreibt darauf: *Eigentum von Frau Anders. Benutzung nur mit ihrer Genehmigung*, legt ihn über ihre Notizen und bittet mich, der

Schwester Bescheid zu sagen, sie wolle wieder ins Bett. Die wenigen Minuten, die sie täglich noch am Schreibtisch verbringen kann, sind um. Und ehe die Schwester kommt, ergänzt sie den Satz mit einem großen *ICH*.

Auch sonst macht sie sich nach wie vor Gedanken. Über die Welt, über das Leben. Über neue Therapien. Diktiert. Sogar eine Übersetzung ihres Buches möchte sie noch vorantreiben, lässt M. Briefe an den Vater eines ihrer ehemaligen Zöglinge, einen Franzosen, schreiben. *Ob Sie so freundlich wären, das zu übernehmen?* Sie ist überzeugt, ihr Buch werde sich auch in Frankreich gut verkaufen.

Strotzendes Selbstbewusstsein! Ihre Bescheidenheit, ihre Schüchternheit und jegliche Selbstzweifel scheinen abhandengekommen zu sein. Stets hatte sie mir ihre Artikel zur Korrektur vorgelegt und war willig meinen Änderungsvorschlägen gefolgt. Jetzt gibt es keinen Zweifel, die Auflage ihres schon vor Jahren erschienenen Buches könne man steigern, es auf der ganzen Welt als Lehrbuch einführen! Auch nach England streckt sie ihre Fühler aus.

Schwerpunkt sämtlicher Überlegungen bleiben allerdings die sogenannten »letzten Dinge«. Welcher Pfarrer, welche Kirche, welche Musik, der Text der Todesanzeige. Wieder und wieder wird alles durchgekaut. Das Wort »Trauerfeier« möchte sie auf gar keinen Fall auf ihrer Anzeige sehen. Und der Pfarrer solle keine lange Rede halten.

Ich rate ihr, auch das gelegentlich mit ihm zu besprechen, denn Freunde und Bekannte kämen doch zu so einer Feier, um mehr über den Verstorbenen zu erfahren. Daraufhin überlegt sie eine Weile und schlägt vor, er könne doch sagen: »Am 21. 11. 1917 geboren … den Rest können Sie googeln.«

Silvester. Das Feuerwerk über der Alster bereitet mir kein Vergnügen. Was wird das neue Jahr bringen? Auch das vergangene hatte traurig begonnen. Wenngleich aus ganz anderen Gründen als die, die mich am 31. 12. 2010 wehmütig stimmen.

Am 1. Januar kann ich sie zu einer Spazierfahrt überreden. Noch immer diese Vorstellung, dass Bewegung und frische Luft das Beste für einen alten Menschen seien. Nach langem Sträuben willigt sie ein. Wir richten den Rollstuhl. Die Pflegerin mummelt sie ein, Mantel, Mütze, Schal, gefütterte Handschuhe. Und dann hockt sie da wie ein Stein, lässt sich von mir durch die Straßen schieben. Auch Hamburg ist eingeschneit.

»Hättest du das je gedacht«, rufe ich ihr von hinten zu, »wir beide mit einem Rollstuhl im Schnee?«

Sie hört mich nicht, ich preise gewissenhafte Bürger, die vor ihren Grundstücken schippen, und verfluche die, vor deren Gärten der Schnee knöchelhoch liegt. Manchmal steht der Rollstuhl quer, manchmal droht er umzukippen. Mir läuft der Schweiß von der Stirn. Wir fahren vor eine weiße Pferdekoppel, ich mache ein Foto von ihr. Tapfer schaut meine Mutter in die Kamera, macht ein »Wenn du unbedingt willst«-Gesicht. Dann kehren wir heim. Meine Handgelenke schmerzen.

»Ihr seid lange draußen gewesen«, sagt die Pflegerin. »Ja«, sage ich, »wir haben eine Weltreise hinter uns.«

Noch ein halbes Jahr lang wird das so bleiben. Dieser Wechsel zwischen Freiburg und wieder ein paar Tagen bei ihr am westlichen Stadtrand Hamburgs. Und jedes Mal, wenn ich wiederkomme, sehe ich ein kleines Stück Weltentrücktheit mehr vor mir, gepaart mit der durch nichts zu trübenden Gewissheit, vor dem Tod noch etwas für die gesamte Menschheit Wichtiges vollbringen zu müssen. Etwas, worüber alle Zeitungen berichten werden.

Dass gerade eine Stiftung vorbereitet wird, die zugunsten ihres Instituts initiativ werden will und ihren Namen tragen soll, freut sie. Welch ein Genuss, mal wieder gefragt zu sein.

Geschminkt und in Seidenbluse empfängt sie die initiativen Damen an ihrem Schreibtisch im Zweibettzimmer. So als säße sie in einem Salon. Satzung, Vorstand, Kuratorium. Alles kein Problem. Munter diskutiert sie mit, stellt Fragen, erklärt, für wie wichtig sie es halte, dass *Gotteskind* bald in die Therapie integriert werde, und unterschreibt, dass sie mit ihrer Namensnennung einverstanden sei.

Ich mache ein Foto. Sie umringt von den Damen. Ein historischer Augenblick.

Als ich ihr später das Foto zeige, sagt sie schmunzelnd, sie sehe aus wie ein Löli.

»Löli?«, frage ich, was das denn sei.

»Was ich jetzt bin.«

Aber wenige Wochen danach liefert sie noch die beste Idee von uns allen für das Stiftungslogo, das eigentlich ich entwerfen sollte, bleibt also »am Ball«. Bis in ihre letzten Tage hinein.

Aus ihren Notizen:

Spenden müssen einen Zweck haben. Für mich: Aus Dankbarkeit, mit 93 Jahren noch dabei sein zu dürfen, zwar eingeschränkt, aber immer noch vieles miterleben zu können. Ich spende für die Frühförderung des individuellen Gemüts der einzelnen Babys.

Später fragt sie mich, ob die Damen von der Stiftung denn auch ein wirklich gutes Foto von ihr hätten.

»Wieso?«, frage ich zurück.

Das komme doch bestimmt in die Zeitung.

Vierter Monat

Ich trete an ihr Bett. Ein Auge ist geschlossen, das andere steht offen. Scheinbar gebrochen. Ist sie tot? Schläft sie? Irgendwas zwischen beidem muss es sein. Ich setzte mich an ihr Bett, berühre ihre Hand. Ihre Haut. Diese zarten Augenblicke, so fern, so nah. Ich möchte sie in meine Arme schließen, sie beschützen. Wovor? Vor etwas mir Unbekanntem? Ich bin hier gar nicht gefragt, alles, was hier geschieht, liegt »außerhalb meiner Macht«.

Hinter mir plappert Frau O. und wischt dabei mit ihren dürren Armen über die Bettdecke, knifft, schüttelt sie.

Als ich das Zimmer betrat, habe ich sie wie immer begrüßt, sie hat ihre Augen aufgerissen, als sähe sie mich heute zum ersten Mal, und dann festgestellt: »Ich nehme es so, wie es ist. Darüber nachzudenken wäre zu kompliziert.«

Eine Pflegerin kommt, stellt ihr das Essen ans Bett, sie kreischt: »Wollt ihr mich vergiften?« Die Pflegerin streichelt sie. »Wir wollen nur, dass du genug isst, meine Süße.«

Niemand hier käme auf die Idee, meine Mutter »Süße« zu nennen. Sie ist und bleibt für jeden eine Respektsperson.

»Alles im Leben ist heiß«, sagt Frau O. »Auch die Würstchen.« Und stochert auf ihrem Teller herum. Der Becher kippt um, die Flüssigkeit ergießt sich in ihr Bett, sie schreit auf. Ich rufe die Pflegerin, und während diese Ordnung schafft, klärt Frau O. sie auf: »Mein Sohn kommt Mittwoch, aber ob ich dann noch hier bin, weiß ich nicht.«

Meine Mutter bewegt sich, kommt allmählich zurück, das offene Auge geht zu, geht wieder auf, sie sieht mich an, schaut hinter mir an die Wand und sagt: »Die Bilder hängen jetzt anders. Wir haben jetzt die afrikanische Zeit. Alle Uhren wurden umgestellt. Der Atem stellt sich um auf die afrikanische Zeit.«

»Hallo«, sage ich, »schön, dass du aufwachst. Ich sitze schon eine ganze Weile hier.«

Das könne nicht sein, sie habe nicht geschlafen, viel zu stark seien ihre Schmerzen. Andererseits, gibt sie zu bedenken, merke sie es ja oft nicht mehr, wenn sie schlafe, weil sie so viel erlebe. Zu träumen sei etwas ganz anderes. Aber das alles ließe sich sehr schlecht erklären. Ich streichle ihre Hand, sie lächelt mir zu, fragt:

»Und?«

»Was und?«, frage ich zurück.

»Was ist der tiefste Sinn?«

Ich stutze, was um Himmels willen meint sie, nach welchem Zitat sucht sie. Novalis, Christian Morgenstern?

Aber sie kommt mir zuvor und beantwortet ihre Frage selbst: »Dass ich ein Strumpellieschen bin.«

Und dann lacht sie, lacht und lacht. Und ich lache mit. Wir wischen uns die Tränen aus den Augenwinkeln und fragen uns beide, wie das richtig heißt. Ach ja, Rumpelstilzchen.

Die Zeit, in der sie in rasender Eile Wörter sammeln und eine Prüfung ablegen musste, in der Spitzel und Teufel hinter ihr her waren und alle, die in ihre Nähe kamen, angeblich sterben mussten, ist lange vorbei.

Mir fällt unser letzter Spaziergang zu Fuß durch die Siedlung ein. Sie, gebeugt über ihren Rollator und dennoch ihre Umgebung hellwach registrierend. Welche Freude hatte sie an den Blumen oder den in Tierformen gestutzten Koniferen in einem der Vorgärten. Und plötzlich dieser Briefkasten! Ganz nah war sie an ihn herangerollt, um dessen Registriernummer auf dem kleinen Schild zu lesen. Darin sei dreimal die 6 verborgen, diese Zahl müsse sie sich unbedingt merken! Sobald wir zuhause seien, solle ich sie aufschreiben. Mein Unmut hatte sie nicht davon abbringen können. Diese Nummer, eine persönlich an sie gerichtete Botschaft von enormer Tragweite. Ich hätte ja keine Ahnung, worum es ginge.

Wie recht hatte sie.

Auch heute verstehe ich mal wieder nicht, worum es eigentlich geht. Ich versuche, mich in sie hineinzuversetzen, herauszufinden, was sie wirklich will, frage sie, ob sie das Gefühl habe, dass in ihrem Leben noch etwas unerledigt sei, ob sie irgendjemanden noch etwas Wichtiges fragen oder ihm mitteilen wolle.

Und sie antwortet: »Ja, der Stern ist futsch. Einfach weggeschmissen.«

Ein paar Tage später möchte sie wissen, wie viel das Pflegeheim eigentlich koste, ob ihr Geld noch reiche und wie der Stand der Aktienkurse sei.

»Alles im Lot«, sage ich.

Auf ihre Bitte hin hatte ich ihr einen Ordner für jetzt noch wichtige Unterlagen angelegt, sie hatte mir die Beschriftung des fünffarbigen Registers diktiert: *Kirche/Meditationen, Briefe von weiterem Interesse, Anhaltspunkte.* Mit denen sei sie auf der sicheren Seite. Ferner hatte sie sich *Verfügungen* und *Schwerpunkte* gewünscht. Unter *Anhaltspunkte* finde ich die Kopie eines Gedichts. *Gebet eines Klosterfräuleins aus versunkener Zeit: Oh Herr, du weißt es besser als ich selbst: Ich bin nicht mehr die Jüngste …*

Ordnung! Dieses anerzogene, tausendfach geübte Muster. Der Käfig. Der offenbar bleibt. Auch wenn es nichts mehr einzuordnen gibt.

Mein Ordner, den ich für ihre »Verwaltung« führe, hat zwanzig »Kapitel«. *Krankenkasse, Pflegeversicherung, Konten, Finanzamt, Schwerbehindertenausweis, Rechnungen* und so fort. Welch ein Wust aus Regeln und Bestimmungen um einen alten Menschen sind!

In einer Kladde finde ich Stichworte, die sie sich für das Ausfüllen eines Antrags auf »Häusliche Pflegehilfe« notiert hat. Telefonnummern von Sachbearbeitern. Warum hatte sie mich nicht um Rat gefragt? Tief im Innern hatte sie es doch gespürt, dass ihr die Welt allmählich aus den Fugen brach.

Fachamt. An Herrn S.: Beantrage Leistung wegen zunehmender Hilfebedürftigkeit aus Altersbeschwerden, Bandscheibenverschleiß, ganz krummer Rücken, unmöglich, die Arme hochzuheben. Linke Hand nicht ganz funktionsfähig. Tremor.

1. Kontakt 23. 8. Herr S. wird sich melden.

Warum habe ich so lange gebraucht, um zu begreifen, dass hier – und schon eine ganze Weile – eine tatsächliche Notlage eingetreten war, die weit über die kleinen, von Jahr zu Jahr mehr vertrauten Unpässlichkeiten hinausging? Eine Aufgabe, eine Herausforderung, Hinfälligkeit und Hilfebedürftigkeit einzugestehen – und sie zu akzeptieren. Von beiden Seiten. Sich auszuliefern. Für den anderen da zu sein.

Fünfter Monat

Sie lässt mir durch S. und M. bestellen, sie verliere jetzt den Überblick, weil das Essen jeden Tag gleich schmecke.

Eigentlich kein Wunder, wenn man sich alles pürieren lässt!

M. schickt mir ein Foto und schreibt dazu: *Ich finde, sie sieht aus wie ein friedlich schnarchender Engel.*

Ich betrachte sie, wie sie daliegt, rosig die Haut, offen der Mund. Weit weg, nicht mehr von *dieser Welt* und immer noch da. Ihr *Bistro*? Versunken. In unserer, für sie jetzt *anderen Welt.*

Sie muss jetzt gefüttert werden.

Auch das, schreibt M., eine Fertigkeit, die man erst lernen und vor allem sich trauen müsse. Ein Eingriff. Die Pflegerinnen hätten ihm die Technik erklärt. Auch dass es gehe, wenn sie schlafe. Der Schluckmechanismus mache das schon.

Diese Mischung aus schroffer Routine, Zuwendung und wahrhaftiger Liebe. Ich bewundere das Pflegepersonal. Wie schaffen sie es, über aller Kreatürlichkeit die Würde des Einzelnen hochzuhalten.

Gestern, berichten mir S. und M., habe sie ihnen, als sie ins Zimmer traten, die Frage gestellt: »Wo sind eure Pferde?«

Erst ein Dreispänner, dann ein Zweispänner, zuletzt nur noch ein Pferd. Dann springe ich ab, gehe den Rest des Weges zu Fuß …

Wieder in Hamburg. Jeden Morgen derselbe Weg: Erst zwanzig Minuten S-Bahn, dann zehn Minuten Bus, der nur alle halbe Stunde fährt. Ein paar Stationen vorbei an Discountläden, Hochhäusern, Wohnblocks. Ein kurzer Fußweg. Eine Gegend, in die sie nicht passt. Zu grob, zu gewöhnlich die Menschen hier. Ich mag diesen Hamburger Stadtteil nicht, der ohne Grenze in den kleinen Ort übergeht, von dem aus meine Mutter *über das Stoppelfeld auf dem Weg zu Gott ist.* Warum, um Gottes willen, habe ich sie hierher gebracht?

Heftig der Wunsch, sie zu bergen, mitzunehmen. Aber wohin? Sie gehört nirgendwo mehr hin. Ihr Ballon ist hängen geblieben, niemand weiß, warum. Tröstlich der Gedanke, dass sie nicht mehr wahrnimmt, wo sie ist. Nur noch die Menschen, die um sie sind, sind Wirklichkeit. Ihre Geduld, ihre Liebe und Zuwendung. Untersuchungen, Kontrollen und Anwendungen haben einen hohen Stellenwert. Abneigung dagegen und Hoffen darauf scheinen eins.

»Die wollen heute noch Fieber messen.«

»Wieso? Hast du Fieber?«

Hier werde jeden Tag Fieber gemessen. Das sei wichtig. »Und dann kommt noch Herr Strieper und macht mir die Fußnägel.«

Nie wird sie den Namen des Heimleiters richtig aussprechen, genießt es aber, wenn er ihr die Fußnägel manikürt. Niemand sonst könne das so gut wie er.

»Die halten uns hier kurz, an der untersten Grenze der Kalorien, die ein Mensch braucht.«

»Du bekommst so viel, wie du magst.«

»Nein, die kontrollieren das.«

Einmal pro Woche kommt der Arzt. Beugt sich über ihr Bett. Sein T-Shirt rutscht hoch. Ich stehe hinter ihm und kann – während er sie untersucht – den Ansatz seines Gesäßes sehen. Was für ein Bild! Anschließend erklärt er mir, wie alte Menschen ticken. Dass dies und jenes immer so sei. Und lässt meine Mutter dabei außer Acht. Das kann sie nicht leiden. Als er gegangen ist, erkläre ich ihr, was er festgestellt hat. Aber das nützt ihr nichts. Sie hätte ihm gern noch das eine und andere selbst gesagt.

»Zum Beispiel?«

Was unmittelbar nach ihrem Tod zu beachten sei: Erstens nicht schminken (wer wäre denn wohl auf die Idee gekommen?). Und zweitens sei ihr Mund zu schließen. Auf gar keinen Fall wolle sie mit offenem Mund aufgebahrt liegen!

Auch S. und M. gegenüber betont sie diesen Wunsch mehrfach, und M. verspricht es ihr hoch und heilig in die Hand, dafür Sorge zu tragen.

Auch deshalb bitte ich, als es so weit ist, die Pflegerin um diesen Dienst. Doch bei dem Versuch, ihr diesen letzten Wunsch zu erfüllen, sieht sie so jämmerlich, verquetscht und gequält aus, dass wir ganz schnell davon ablassen. Und sie wird daliegen mit offenem Mund und wunderschön aussehen.

Jeder, der sie besucht, kennt das jetzt. Fast immer liegt sie mit offenem Mund da. Ein Anblick, der immer vertrauter wird.

Auch das stumme Sitzen an ihrem Bett wird »Ritual«. Das Betrachten ihres Gesichts, das Lauschen auf ihren Atem, das lange Warten, bis sie wieder ankommt auf *dieser Welt*, in ihrem Zimmer, in ihrem Bett. Irgendwann wird keine Rückkehr mehr sein und das Atmen aufhören. All das ist mir klar und trotzdem völlig unvorstellbar.

Manchmal redet sie sofort los, knüpft unmittelbar an das an, was sie gerade irgendwo erlebt hat: »Eben ging ein Mann mit Cowboyhut vorbei. Hast du ihn gesehen?«

»Nein.«

Sie ist enttäuscht. Dann also was anderes: »Lies mir was vor!«

»Was?«

»Egal. Nur damit die Zeit vergeht.«

Ich suche aus der kleinen Reihe der Bücher, die wir ihr in der Hoffnung, sie werde nach wie vor etwas mit ihnen anfangen können, aus ihrer Wohnung mitgenommen haben, ein Buch heraus. Hans Erich Nossacks *Pseudoautobiographische Glossen.*

Überhaupt, diese vielen Überlegungen, woran sie vielleicht noch Freude haben könnte!

Die Masseurin, die ich unmittelbar nach ihrem Einzug bestellt hatte, mochte sie schon nach der zweiten Behandlung nicht mehr sehen. Die sei zu hektisch und zu laut. Nur die Musiktherapeutin ihres Instituts darf noch antanzen. Und während diese an ihrem Bett sitzt und über die Saiten ihres monströsen Instruments streicht, liegt meine Mutter da wie ein glückliches Kind. Oder macht sie den anderen etwas vor, weil sie sich daran erinnert, dass Musiktherapie den Kindern, die sie förderte, guttat? Und also auch ihr in ihrem jetzigen Zustand ganz bestimmt guttut?

Bewegung!

»Vielleicht ein Theraband, mit dem du jeden Tag Übungen machen kannst.«

»Ach weißt du … Wenn es hier einen Raum gäbe mit einem Reck, wäre das etwas anderes, dann würde ich jeden Tag üben. Aber so was gibt' s hier ja nicht.«

»Fotos?«

Wozu denn Fotos? Die Vergangenheit sei für sie passé, sie sei jetzt mit ganz anderen Dingen beschäftigt.

Ich halte inne, interessiert Hans Erich Nossack sie überhaupt noch?

»Lies weiter!«, sagt sie und schließt die Augen. Ihr Gesicht wird starr, ihr Atem rasselt, pfeift. »Könntest du bitte etwas lauter sprechen?«

Ich bemühe mich, gegen die Geräusche anzulesen, aber sie winkt ab: »Ach weißt du, das interessiert mich eigentlich doch nicht so sehr.«

Ich schließe das Buch, sitze nur da. Wir schauen uns an, lächeln uns an, ihre Augen fallen zu. Sie schläft ein. Ihr Mund öffnet sich.

Kurze Zeit vorher hatte I., ihre älteste Tochter, sie für ein paar Tage besucht und ihr täglich angeblich stundenlang vorgelesen. Zum Beispiel Oliver Sacks' *Der*

Mann, der seine Frau mit einem Hut verwechselte. Wie hätten sie sich amüsiert! Unsere Mutter habe gar nicht genug davon hören können. Manchmal sei es ihr, meiner Schwester, schon zu anstrengend geworden, und sie habe gesagt, sie könne nicht länger sitzen, sie müsse mal aufstehen.

Und jetzt? Ist das Vorlesen nur ein Vorwand, mit dem sie mich zu beschäftigen sucht? Damit keine Langeweile aufkommt? Damit die Zeit vergeht? Diese endlose Zeit, mit der sie nichts mehr anzufangen weiß. Sie stellt die Uhren vor. Auf dass alles bald ein Ende habe?

Leise stehe ich auf, ziehe meinen Mantel an, gehe zur Tür, drehe mich noch einmal zu ihr um. Da dreht sie den Kopf – was für eine Anstrengung –, sieht mich an und sagt: »Nicht gehen!«

Das ist neu. Das hat sie noch nie gesagt, mich vielmehr immer nach ein paar Stunden weggeschickt. Ich solle meine Arbeit tun. Ob es denn vorangehe? Vielleicht erlebte sie ja noch mein neues Buch?

Nach wie vor nimmt sie an allem Anteil. Selbst in ihrer ganz schlimmen Zeit, auf der geschlossenen Station im Krankenhaus, hatte sie der Oberärztin und dem Pulk staunender Studenten bei der Visite kundgetan, ihre Tochter lese am heutigen Abend in den Hamburger Kammerspielen. Und auch das milde Lächeln der Ärztin über diesen vermeintlichen Quatsch hatte sie nicht davon abbringen können, darauf zurückzukommen und zu betonen, wie außerordentlich wichtig ihr das sei.

Ich soll also bleiben. Umso schwerer wird das Weggehen von nun an. Dass ich allerdings beim Windelwechsel hinausgehe, registriert sie mit Dankbarkeit. Auch das Umlagern im Bett darf auf gar keinen Fall ich tun. Dafür hat sie schließlich ihr Personal.

Ich ziehe den Mantel wieder aus, setze mich wieder zu ihr, sitze einfach nur da, sage nichts. Sie scheint sich zu freuen. Sie schläft wieder ein. Auch Frau O. schläft. Die verstellten Uhren ticken. Wie still es im Haus ist. Mittagsruhezeit. Und diese beiden alten Frauen liegen da, beide mit offenem Mund, schnaufen leise. Immer weiter auf den Tod zu.

Eigentlich macht sie es einem leicht, denke ich. Fähigkeit um Fähigkeit legt sie ab, wie die Zwiebel ihre Haut. Nach und nach bringt sie einem bei, wie es ist, wenn man sich nicht mehr schreiben, nicht mehr miteinander spazieren gehen, nicht mehr telefonieren, nicht mehr mit dem anderen rechnen kann. Und irgendwann, wenn die letzte Haut abgelegt ist, wird man es können und ertragen. Das Ende. Das Nichts. Und sich nicht mehr nach alldem sehnen, weil man das Ablegen bereits in einzelnen Schritten erlernt hat.

Irgendwann stehe ich wieder auf, schließe leise die Tür, gehe durch den Garten, laufe ein Stück die Straße entlang, am Haus vorbei. Das Fenster ihres Zimmers steht offen. Hinter der wehenden Gardine sehe ich sie, meine schlafende Mutter.

Wo eigentlich beginnt die *andere Welt*? Hier draußen oder da drinnen in dem kleinen Haus? Hinter jeder Zimmertür?

Die Pflegedienstleiterin hatte mir einmal gesagt, immer wenn sie eines der Zimmer betrete, lande sie auf einem anderen Stern. Jedes der Zimmer sei ein Planet für sich.

Am folgenden Tag große Aufregung. Der Rollator sei vertauscht, der in der Ecke gehöre ihr nicht, aber er wisse es noch nicht.

»Wozu die Aufregung«, frage ich, »du brauchst ihn doch nicht mehr«.

Nein, das ginge nicht. Alles sei durcheinandergeraten, der Arzt müsse kommen, sie habe Fieber, der Stuhlgang sei auch perdu, aber solange sie ihre Beine heben könne, bliebe sie am Ball.

Hatte meine Mutter eigentlich Freunde? In ihrer Jugendzeit? Lebten sie noch? Wahrscheinlich nicht. Und wahrscheinlich waren es, wenn es überhaupt welche gegeben hatte, nur wenige gewesen. Ihre Mutter hatte sie ja ständig umhergeschleppt. Unter solchen Umständen gewinnt man keine Freunde. Und in ihrer Berliner Zeit, während ihres Studiums?

In dem Karton mit Briefen finde ich auch welche, die mein Vater ihr in den Jahren 1945 bis 47 auf das Gut ihrer Verwandten in Schweden nachgeschickt hat. Verbargen sich hinter diesen mir fremden Namen Freundinnen?

Und später? Fünf Kinder, ein großer Haushalt, ein anspruchsvoller Ehemann, wenn er denn zu Hause war. Er reiste ja viel. Mit seiner eigenen Tournee. Jeden Sommer während der Salzburger Festspiele gab er den *Jedermann.* Einer sehr viel älteren mütterlichen Freundin hatte meine Mutter wohl so manches Mal ihr Herz ausgeschüttet, wenn Will mal wieder mit anderen Damen unterwegs war. Auf vielen Fotos ist sie zu sehen, wir Kinder nannten sie Tante C. Auch sie besaß ein Häuschen am Waldrand in der Nähe von Lüneburg, direkt neben dem, das meine Eltern gebaut hatten, um ihren Stadtkindern während der Ferien »ein Leben auf dem Lande« zu bieten. Tante C. saß während langer Sommerabende mit meiner Mutter vor dem offenen Kamin, spielte mit ihr Rommé, hörte sich, während wir oben auf dem Dachboden in unseren Schlafsäcken angeblich schliefen, ihre Sorgen an – wir vernahmen die uns vertrauten Stimmen durch die Dielen – und riet ihr 1963 sogar zur Scheidung. Und nachdem meine Mutter ihrem Rat gefolgt war, wandte sich Tante C. von ihr ab. Offenbar war Benita für sie nur als »Frau von WQ« interessant gewesen.

Und ja, es hatte einen Freund gegeben! Dieser Mann hatte wohl auch insofern eine besondere Rolle im Leben meiner Mutter gespielt, als er der Einzige war, der es verstand, »die treue Ehefrau« von ihrer Treue abzubringen, der sie dazu brachte, für eine gewisse Zeit »über die Stränge zu schlagen«. Und er war so klug, auch die Kinder dieser besonnenen Frau auf seine Seite zu ziehen. Meine Schwester und ich verliebten uns geradezu in ihn. Ich nannte ihn Netti.

Während der Fahrt in der S-Bahn am nächsten Tag nehme ich mir vor, sie auf ihren Freund anzusprechen. Man kann nicht immer nur über Tod und Sterben reden. Schon gar nicht über das, was vielleicht danach kommt.

Ich betrete das Zimmer, sie lächelt mir zu. Wie immer beuge ich mich über sie, streichle und küsse sie

– diese Vertrautheit, Nähe und Wärme, diese Kostbarkeit verspüre ich eigentlich erst jetzt, in ihrer letzten Zeit –, ziehe einen Stuhl heran. Sie sieht mich aus ihren blauen Augen offen an und fragt: »Weißt du eigentlich, dass ich einmal einen Freund hatte?«

Ertappt!

Aber ohne meine Antwort abzuwarten, sprudelt sie los, springt in Gedanken zurück in die fünfziger Jahre, in das dunkelrote Backsteinhaus in Hamburg-Blankenese, Nähe Hirschpark, in dem wir damals wohnten. Ihr Freund war Radiosprecher. Sie besuchte ihn, er besuchte sie. Sie und ihre fünf Kinder.

»Vielleicht war ich sogar schwanger von ihm«, sagt meine Mutter.

Ich bin erstaunt.

Die Ärztin habe nach der Untersuchung zwar gesagt, es sei nichts gewesen. Heute sei sie selbst sich aber gar nicht mehr sicher, ob diese das Ganze, um ihr die Last der Entscheidung abzunehmen, nicht mit einem raschen Eingriff geregelt habe. Der Ärztin sei ja klar gewesen, was für eine Katastrophe diese Schwangerschaft für die gesamte Familie bedeutet hätte. Aber genau das sei jetzt ihr Problem: »Wo ist dieses Kind?«

»Das sind ja Neuigkeiten«, sage ich.

»Nein, Altigkeiten!«, sagt sie.

Jeder Tag ein anderer als der vorangegangene, auch wenn alles gleich zu sein scheint, sie nur noch im Bett liegt und auf die immer gleiche Wand starrt. Erscheinungen, Träume, heftige Kämpfe, mit körperlichen Schmerzen, mit Unsichtbaren, Momente des Friedens, Momente der Freude, Ergebenheit, unterschiedlich gewichtet.

Sie könne nicht sterben, sagt meine Mutter, sie habe noch so viel zu erledigen. Aber keine Uhr mehr.

Frau O. sagt: »Deck sie zu, mach sie platt. Ich wünsche keine Kartoffelsuppe, sondern einen dreißigjährigen strammen Mann.« Dann singt sie mit dünner Stimme *Deine Hand in meine Hand.*

»Tschüs, Frau O.«, sage ich.

»Tschüs«, sagt sie, »grüß deinen Mann.« Sie kennt H. nicht. Aber Männer sind für sie noch immer das Wichtigste auf der Welt.

Am nächsten Tag sagt sie bei der Visite, während der Arzt sich über meine Mutter beugt, zur Pflegedienstleiterin: »Mach die Beine breit! Du willst ihn doch haben.« Und die Pflegedienstleiterin wird knallrot.

Sechster Monat

»Das Nachthemd geht nicht«, sagt meine Mutter.

»Wie, geht nicht?«, frage ich.

»Zu bunt.«

Ihre Schwiegertochter, die Frau meines zweiten Bruders, hatte es ihr auf ihren Wunsch hin mitgebracht.

»Schau!«

Sie schlägt die Decke auf, ich sehe ein feines violettes Flanellnachthemd, über der rechten Brust einen aufgedruckter Myrtenzweig, und frage: »Zu bunt wofür?«

»Für den Sarg!« Sie habe sich ein Hemd für den Sarg gewünscht, und dieses sei völlig ungeeignet.

Ich gebe zu bedenken, dass sie den Zweck vielleicht nicht eindeutig vermittelt habe, und verspreche ihr, mich am Nachmittag nach einem anderen Hemd umzusehen.

Während eines Telefonats hatte mein Bruder mir berichtet, sie höre jetzt nicht mehr. Bei ihrem letzten Besuch hätten er und seine Frau nur noch über einzelne Sätze, die sie in großen Lettern auf Zettel geschrieben und ihr direkt vors Gesicht gehalten hätten, mit ihr kommuniziert. Ob man da nichts machen könne, ob denn nicht vielleicht ein anderer Arzt ... Und ich hatte versucht, ihn daran zu erinnern, dass unsere Mutter seit mehr als fünf Monaten mit nichts anderem als mit dem Abflug in ihrem Ballon beschäftigt sei. Ob uns das nun passe oder nicht. Und dass sie deshalb vielleicht auch nicht mehr so gut höre und eines Tages vielleicht auch nicht mehr werde sprechen können. Uns bliebe jetzt gar nichts anderes übrig, als abzuwarten und zuzusehen.

Vielleicht gibt es ja auch eine psychische Taubheit? Heute kann sie jedenfalls wieder hören. Erstaunlich gut sogar. Und das wird auch so bleiben bis drei Tage vor ihrem Tod. Obwohl sie kein Hörgerät mehr trägt.

Die Wäscheabteilung des Kaufhauses. Strapse, BHs, Korsagen. Ja, einfache Unterhosen und Unterhemden gibt es auch. Und irgendwo bestimmt auch ein Sarghemd für meine Mutter. Ich schlängele mich an älteren Herren vorbei, die etwas Hübsches für bessere Nächte suchen, an Frauen, die Körbchengrößen prüfen. Und meine Mutter will sterben und nur noch ein letztes, einfarbiges Hemd haben.

Zwischen den Wäscheständern treffe ich eine befreundete Dramaturgin. Wir grinsen uns an. Wir interessieren uns für Damenwäsche? Sie suche nach Leggins für ihre Mutter, sagt sie. Und ich – ach ja, die Mütter – nach einem Nachthemd für die alte Dame, und das sei nicht leicht, weil sie sehr wählerisch sei. Man muss nicht immer die volle Wahrheit sagen. Und sonst? Ja ja, so weit ganz gut, bis bald!

Endlich! Ein einfarbiges edles Hemd. Keine Blümchen, kein Schleifchen, keine Spitze. Ungläubig drehe und wende ich es. Rosa und ziemlich teuer. Egal, beim letzten Hemd guckt man nicht auf das Preisschild. Eine Verkäuferin tritt auf mich zu, berührt mich am Arm, versichert mir – muss ich jetzt stolz sein? –, die beste Wahl getroffen zu haben: »Unser Klassiker! Daran werden Sie noch viele Jahre Freude haben.« »Bestimmt!«, erwidere ich.

Meine Mutter nickt kurz, als ich ihr das Hemd zeige. Rosa sei zwar nicht ihre Lieblingsfarbe, aber immerhin ohne Muster. Also genehmigt.

Ich stecke das Nachthemd in eine Tüte, schreibe »Sarghemd« auf einen Zettel, hefte ihn daran, lege das Ganze in die unterste Schublade ihres *Bistros* und gebe den Pflegerinnen Bescheid. Damit im letzten Augenblick nicht irgendetwas schiefgeht.

Am anderen Tag reise ich wieder ab.

Mitte April.

Wieder einmal sitze ich im Zug. Ihr Todestag scheint gekommen zu sein. Ein Anruf, sie habe eine Lungenentzündung, es gehe zu Ende mit ihr, hat mich aufgescheucht. Alle wichtigen Termine in Freiburg sind »aus familiären Gründen« abgesagt.

Der unbändige Wunsch, ihr noch einmal nah zu sein. Noch einmal ihre Hand zu halten. Ein Lächeln von ihr zu bekommen. So unendlich kostbar plötzlich die vielen gemeinsamen Stunden. Noch eine Berührung, bitte. Noch einen Augen-Blick.

Der Pfarrer ist informiert. Wie ich höre, ist er bereits auf dem Weg zu ihr. In diesen Stunden, die ich im ICE zwischen Freiburg und Hamburg verbringe, wird er meiner Mutter die Letzte Ölung spenden. Er solle auf gar keinen Fall warten, sondern handeln, wie er es für richtig halte, hatte ich ihm gesagt. Für mich sei das kein »familiäres Ereignis«, es ginge doch allein um sie. S. und M. halten mich auf dem Laufenden.

Ich hasse diese Vieltelefonierer in öffentlichen Verkehrsmitteln. Doch wenn die eigene Mutter die Letzte Ölung bekommt, reiht man sich ein. Die Tunnel zwischen Frankfurt und Kassel unterbrechen die Hamburger Botschaften. Ich springe zwischen Abteil und Gang hin und her.

Sie habe zunächst gefragt, warum schon jetzt?, berichtet mir der Pfarrer, und er habe ihr erklärt, dass man nicht bis zum letzten Augenblick warten, sondern den Zeitpunkt wählen solle, in dem man alles noch bewusst erleben könne, in der Krise falle die Entscheidung, alles Weitere werde man sehen. Daraufhin habe sie zugestimmt und sehr bewusst Anteil genommen. Eine solche Andacht und Innigkeit habe er noch nie erlebt.

Kurz darauf ein Anruf von einer der Pflegerinnen, meine Mutter sei völlig aus dem Häuschen, bitte darum, der Pfarrer möge noch einmal kommen, alles sei viel zu schnell gegangen, sie müsse den Text noch einmal hören, um ihn zu verstehen. Ich erreiche ihn, er sagt, er sei noch nicht weit weg vom Pflegeheim, er habe noch Zeit, er werde umkehren.

Ich rufe im Gemeindebüro der Kirche an, in der die Feier nach dem Tod meiner Mutter stattfinden soll, und frage, ob der Aufbahrungsraum unter der Kirche eigentlich schon eingerichtet sei. Und bekomme zur Antwort, ja, er stehe »picobello« bereit.

Draußen verschwindet die Landschaft im Dunkeln. Ich habe den letzten durchgehenden Zug dieses Tages erwischt, wechsle zwischen Schlafen und Wachen. Wie oft ich diese Strecke in den letzten Monaten gefahren bin! Alles scheint wie immer. Die wirklich großen Ereignisse geschehen unbemerkt von der Welt und kommen nicht in die Zeitung. Gegen Mitternacht erreiche ich meine Hamburger Wohnung.

Als ich am folgenden Morgen an ihr Bett trete, scheint sie vergnügt. Zwar sei sie bei der Ölung gut genährt und nicht nüchtern gewesen, und das ginge ja eigentlich nicht, aber es habe geklappt, durch die Hochlagerung habe sie bei der Kommunion nicht husten müssen. Am liebsten würde sie die Letzte Ölung jetzt jeden Tag empfangen. Ob wir denn alles Weitere vorbereitet hätten?

Alles Weitere?

S. und M. stehen mir bei. Sie will es so. Wir schreiben ihre Todesanzeige in den Computer, sparen das Sterbedatum aus, schreiben Adressen, bestellen Umschläge. Die Dame am Telefon fragt mich: »Und wozu jetzt der schwarze Rand?«

Ich bestelle den Sarg.

»Und wer geht mit bei der Urne?«, fragt meine Mutter. »Was heißt, wer? Deine Familie natürlich.«

Ob auch ein Pfarrer?

Wohl eher nicht, sage ich, das sei schließlich kein kultischer Akt. Außerdem werde sie, wie sie ja wisse, auf dem Friedhof in A. neben ihrem Sohn E.V. beigesetzt. Das sei zu weit, da müsse der Pfarrer doch nicht extra hinkommen.

»Aha.« Und wo sie denn zunächst abbliebe, wenn sie gestorben sei?

»Im Aufbahrungsraum unter deiner Kirche. So wie du es dir gewünscht hast.« Sie habe Glück, erst vor kurzem sei dieser Raum fertiggestellt worden. Drei Tage danach würden wir dann die Feier abhalten. Keine Trauerfeier. Oben in der Kirche. »Einverstanden?«

»Ja!«

Aber nach einer Weile meint sie, da sei noch was. Der letzte Punkt. Die Sache mit dem Kreuz auf ihrem Grab. Und als ich sie daran erinnere, dass auch das schon längst abgesprochen sei, stellt sie nüchtern fest: »Also gut! Jetzt bin ich abgehakt.«

Dann aber überlegt sie es sich noch einmal, kehrt um, ist wieder da, lebt weiter.

Das Programm sei abgebrochen worden, erklärt sie mir. Alles sei bereits im Gang gewesen, aber dann sei ein »weiß der Kuckuck« dazwischengekommen, habe sich rehabilitieren wollen und behauptet, er habe auch noch ein Wörtchen mitzureden.

»Weiß der Kuckuck?«, frage ich.

Aber sie lässt sich nicht unterbrechen. Jetzt gehe alles wieder von vorn los. Vielleicht sei es ja so wie bei einem Flugzeug, das, im Abflug begriffen, aus irgendeinem Grund noch einmal zurückkehren müsse.

»Seit du da bist, blüht sie wieder auf«, sagt die Pflegedienstleiterin.

Hätte ich lieber nicht kommen und sie in Ruhe sterben lassen sollen? Natürlich nicht. Niemand von uns kann hier auch nur irgendetwas beeinflussen.

Eine weitere Runde im »Irgendwo«. Drei Monate lang.

Siebter Monat

Die Puppe muss weg!«

»Was?!« Ich bin erstaunt.

Ja, ich solle sie mitnehmen und der Leiterin ihres Instituts übergeben, sie habe ihre Beziehung zu ihr gelöst. Sie sei jetzt ein »überwundener Gegenstand«, ein »totes Utensil«. Also stopfe ich das Monster in eine Tüte, schleppe es zunächst in meine Wohnung und erschrecke am anderen Morgen, als mich aus der verrutschten Verpackung ein Glotzauge anstarrt.

Meine Mutter diktiert mir, wer jetzt noch zu Besuch kommen dürfe und wer, bitte schön, wegbleiben soll. Ein nicht gerade dankbares Amt, den »Betroffenen« derlei Wünsche anzutragen. Denn selbst ihre beiden Söhne möchte sie jetzt nicht mehr sehen. Der alte Kinderarzt, der ab und zu noch vorbeikommt, ist geradezu empört. Aber ihr Wille ist Befehl. Bei der Aufzählung weiterer Namen – ich möchte ja um Himmels willen nichts falsch machen – überlegt sie eine Weile und meint dann: »Nein!« Die soeben Genannten seien ihr zwar nach wie vor sympathisch, dennoch sollten sie jetzt nicht mehr zu ihr kommen, zwischen ihr und denen sei alles gesagt.

»Der Pfarrer?«

Er solle es so halten, wie er meine, dass es für sie und ihn richtig sei.

Die Frage nach S. und M. erübrigt sich. Die würde sie am liebsten Tag und Nacht um sich haben.

Bei einigen der Abgelehnten drängt sich mir der Verdacht auf, sie wolle nur verhindern, von ihnen weiterhin gesehen zu werden. In ihrem jetzigen Zustand! Sie sollen die »Prächtige« in Erinnerung behalten. *Frau Anders,* die nur noch in ihrem Bett liegt und sich nicht einmal mehr zur Seite drehen kann, ist nichts für die.

»Ich muss mir jetzt in die Luftröhre beißen.«

Und wieder begreife ich nicht, was das heißt. Das sei symbolisch gemeint, sagt sie. Sie müsse sich doch verschlucken, sonst könne sie nicht sterben.

»Das kommt alles von oben, oder was meinst du?«

Ich gestehe, dass ich es nicht weiß, und sie sagt: »Ich auch nicht.«

Sie scheint sich zwar noch daran zu erinnern, dass sie die Letzte Ölung bekommen hat, eine zentrale Rolle spielt es aber offensichtlich nicht mehr. Sie behauptet, es gehe ihr gut.

Die große Frage: Warum das alles?, stelle ich schon lange nicht mehr.

Es sei auch besser, zu fragen, wofür, sagt der Pfarrer. Das Leid in solchen Heimen entstehe nur durch die Angehörigen, die »Betroffenen« selbst erlebten das ganz anders.

Sie sieht wieder wohl aus. Rosig. Scheint fröhlich zu sein, isst und trinkt. Blickt tagein, tagaus auf die Zimmerwand, beschreibt, was sie sieht und was in ihrem Körper vorgeht, was niemand nachvollziehen kann.

Zum Beispiel gebe es jetzt vier Möglichkeiten, zu pinkeln. Mich amüsiert ihre Offenheit.

»Entweder es erscheint ein Häuschen mit rotem Dach, und wenn ich den Giebel anschaue, läuft es.« Das nenne man Riesling.

Lächelt sie verschmitzt? Ist das ernst gemeint, will sie mich testen?

»Und die anderen Möglichkeiten?«, frage ich.

Aber sie wechselt das Thema, erzählt mir, dass sie jetzt immer trockene tote Blätter aus ihrer Nase hole, sie mit ihren Fingern pulverisiere, kleine Kugeln daraus forme und sie wieder reindrücke. So erfahre sie die richtige Uhrzeit.

Es reicht! Ich frage sie danach, ob mein toter Bruder in letzter Zeit mal wieder zu Besuch gewesen sei.

Und sie fragt zurück: »Wer?« Erst als ich seinen Namen ein zweites Mal nenne, weiß sie wieder, wen ich meine. »Ach der.«

Momentan scheinen die Toten nicht in der Nähe zu sein.

Auch dass die Karwoche und Ostern längst vorbei sind, hat sie nicht registriert. Ereignisse, die ihr früheres Leben bestimmten.

Sie lese jetzt viel, erklärt sie mir bei meinem nächsten Besuch. Ich bin erstaunt. »Im Buch der Erinnerungen.« Und das sei ziemlich dick.

Ein altes Foto, das mein zweiter Bruder ihr mitgebracht hat, ein Foto von ihr und ihrem letzten Hund, sprengte das bis dahin fest verriegelte Tor zur Vergangenheit. Ein paar Tage lang schwelgt sie geradezu im »Damals«. Erzählt, wann welcher Vierbeiner an ihrer Seite war und welche Rolle der jeweilige in ihren Beziehungen gespielt habe. Als aber mein Bruder, beglückt über diese Reaktion, bei seinem nächsten Besuch auch noch einen silbernen Rahmen mitbringt, der das Foto vor umkippenden Bechern und Wischlappen schützen soll, versiegt der Strom. Der Rahmen sei zuviel gewesen, sagt sie.

Hunde. Ihr kleiner Terrier Viola war es gewesen, der Will am Strand von Capri angesprungen hatte.

Vielleicht wären mein Vater und meine Mutter aneinander vorbeigegangen, wenn dieser Hund nicht gewesen wäre? So aber kamen sie ins Gespräch, er erzählte ihr, dass er homosexuell sei, und der Ehrgeiz dieses jungen, wohl noch unschuldigen Mädchens aus Schweden war entfacht.

Später habe ihre Mutter die Hündin eingeschläfert, weil sie angeblich das »böse Auge« besaß, hatte meine Mutter mir erzählt. Überhaupt, ihre spiritistische Mutter! Wie sie das als Kind genervt habe! Immer mal wieder seien Bücher aus dem Regal geflogen, weil angeblich irgendwo auf der Welt ein Mensch, den ihre Mutter gekannt hatte, gestorben war.

Etwa einen Monat nach ihrem Tod träume ich von ihr: Es klopft an meine Tür. Ich sage, Moment!, gehe ins Bad, gucke um die Ecke, da geht die Flurtür auf ... Aber niemand kommt herein. Stattdessen höre ich, wie sich Schritte entfernen. Von jemandem, der an einem Stock geht.

Zwei Jahre später in Berlin: Während ich mich an all das erinnere, kommt es mir manchmal so vor, als habe jemand auf meinem Schreibtisch gewühlt, Notizen und Manuskriptseiten durcheinandergebracht oder Fotos versteckt. Wie auch das Foto meiner Mutter, das an die Pinnwand geheftet war. Zwei Tage lang suche ich danach und finde es in der Schublade. In meinem Taschenkalender. Wie geht das denn? Vielleicht sollte ich noch einmal nach Marrakesch fahren und den Geschichtenerzähler auf dem *Djemaa el Fna* fragen …

Meine Mutter erzählt mir, sie habe von meiner Schwester und meinem ältesten Bruder geträumt, so plastisch geträumt, dass es ihr so vorgekommen sei, als sei es kein Traum, sondern Wirklichkeit gewesen. Meine Schwester habe Lumpen gesammelt, mein Bruder sei der Boss einer großen Organisation gewesen und habe direkt zu ihren Füßen gesessen.

Den letzten großen, ihr wichtigen Traum, den sie noch in ihrer Wohnung in der Residenz träumte, hatte sie mir aufgeschrieben und per Post nach Freiburg geschickt. So wichtig war er ihr. Ein langer Traum von meinem toten Bruder E.V. Auf gar keinen Fall wollte sie ihn vergessen *wie so manchen anderen in letzter Zeit, der sich wie der Rauch einer ausgepusteten Kerze verflüchtigte.*

Sie höre jetzt immer etwas, sagt sie, Mariengesang, hell und klar. Oder sei es ein Bariton? »So: la, li, la.« Das klinge sehr schön. Sie sieht glücklich aus.

Mein zweiter Bruder hatte ihr nicht nur das alte Foto samt Rahmen gebracht, sondern ihr auch ein kleines Gestell ans Bett gebaut, damit sie bei Bedarf Musik hören könne. Ihm zuliebe hatte sie zugestimmt. Er hatte ihr einen Kopfhörer aufgesetzt und eine CD eingelegt, Brahms' *Wiegenlieder*. Und so, mit dem Kopfhörer über beiden Ohren, hatte sie lange und friedlich geschlafen. Ein weiteres Mal diese »Prozedur« allerdings nicht erlaubt. Das sei viel zu kompliziert.

Dieses Lied jedoch war hängen geblieben, blieb bis zuletzt in ihrem Ohr, ohne dass sie sich daran erinnern konnte, wie es hineingekommen war, und von dem sie behauptete, es stamme direkt vom Himmel.

Achter Monat

Ich komme also morgen wieder«, sage ich. »Abgemacht?«

»Abgemacht«, sagt sie, »wenn ich es bis dahin nicht vergessen habe.«

Als ich am nächsten Tag komme, ist sie außer sich. Unbedingt und sofort müsse sie Radio hören, ihr kleiner Apparat befinde sich in ihrem Nachtschrank. Links neben sich greifen, eine Klappe oder Schublade öffnen kann sie schon lange nicht mehr.

Ich bin verwirrt. Wieso auf einmal wieder Radio und warum so schnell?

»Beeil dich!«, sagt sie.

Und also bemühe ich mich, rasch das kleine Gerät samt verknotetem Kabel aus dem Klimbim in der Schublade zu ziehen.

Radio. Wie gern hatte sie früher vor ihrem Gerät gehockt und sich Wortsendungen angehört, sich von den für sie besonders interessanten die Manuskripte zuschicken lassen. Über Glaubenssachen oder Nahtoderfahrungen, über ADHS, Spiegelneuronen und

Zeitgeschichte. Nicht selten hatte sie sich weiterführende Literatur besorgt, in Gesprächen oder Mails daraus zitiert.

In ihrem *Dagbok* finde ich am 24. Januar 2010:

Um 5 Uhr wach, hatte wegen Hautreizung meine Hand gepudert und in Handschuh gesteckt. Frühsendungen im Bett gehört. Es sind jetzt Gedenktage an die NS-Zeit und die Judenverfolgungen. Sehr interessant! Welkende Pflanzen, Küchenchaos und Papierstapel ein bisschen aufgeräumt ... Schüttelfrost.

Hatten ihr die Beiträge anlässlich der Befreiung von Auschwitz in diesem Jahr so zugesetzt, dass acht Monate später der Wahn daraus wurde, selbst eine von Spitzeln Beobachtete, eine vom Tode Bedrohte zu sein? Viele ihrer Einträge in den Monaten danach kommen auf dieses Ereignis zurück. Auch Drehschwindel und Übelkeit traten offenbar häufig auf. Am 15. Juni muss es ganz schlimm gewesen sein:

Zwischen 2 und 4 Uhr nachts Herz und Bauch ganz schlecht. Infarkt? Sehr schlimm! Konnte nicht aus dem Bett aufstehen. ¾ Liter Wasser. Mittags aufzustehen möglich. Stuhlgang. Kekse. Essen heute und morgen abgesagt.

Jedenfalls kollidierten seelische Aufgewühltheit und körperliche Angeschlagenheit im Sommer mit einer kleinen familiären Turbulenz, ausgelöst durch Missverständnisse und marginale Flops bei der Organisation eines Besuchs ihrer Enkelin samt Urenkelin aus Amerika, was sie völlig aus der Bahn warf. Sie wurde misstrauisch, stellte Behauptungen auf, verlor den Überblick, auch über Raum und Zeit. Verabredungen mit ihr zu treffen gestaltete sich von nun an zum Abenteuer. Für beide Seiten.

Die Spalten vom 28. Juni bis 30. Juli sind leer. Am 31. Juli zog sie ihre letzte Bilanz:

Ein dramatisch turbulenter Monat geht heute zu Ende. Auch das Wetter – unerträgliche Hitze und vertrocknete Pflanzen (toter Rasen!). Familien Intermezzi (plural) und technische Defekte (keine E-Mails, keine Druckerfarbe).

Ich solle mich beeilen, drängt meine Mutter, sie wolle unbedingt meine Sendung hören!

»Welche Sendung?« Ich halte inne.

»Das Interview!« Ich hätte ihr doch gesagt, dass heute ein Interview von mir im Radio zu hören sei. Auf ihrem Schreibtisch liege ein Plakat, auf dem stehe es schwarz auf weiß, ich solle doch nur mal genau hinsehen.

Ich versuche ihr klarzumachen, dass die Ausstrahlung des Interviews, das sie wahrscheinlich meint, schon zwei Monate zurückliegt. Aber wenn sie zur Abwechslung mal wieder Musik hören wolle, würde ich ihr gern behilflich sein und den richtigen Sender einstellen. Doch sie reagiert unwirsch, an Musik habe sie kein Interesse! Und drängt mich, das kleine Radio ganz schnell wieder in der Schublade zu verstauen.

Ich setzte mich zu ihr, streichle sie. Sie scheint verzagt. Verstört. Versucht abzulenken. Vorhin seien S. und M. da gewesen.

»Nein«, sage ich, »sie kommen erst morgen.«

Muss ich das korrigieren? Wozu noch Ordnung in das Chaos bringen? Für sie scheint es keins zu sein.

»Bald bist du neun Monate hier«, sage ich.

Dann komme ja bald die Entbindung, sagt meine Mutter. Ich hätte wohl noch einiges mit ihr vor?

»Ich?« Wieso ich?

Mit dem Tod schwanger gehen. Gibt es das? Bei meiner Mutter scheint das tatsächlich so zu sein. Jedenfalls findet eine Entwicklung statt, ein Werden in all dem Vergehen, an dessen Ende der Tod Erlösung sein wird – und Neubeginn. Für alle.

»Ich würde dir so gerne Flügel umschnallen, damit du losfliegen kannst«, sage ich.

Sie lächelt: »Das wäre schön!«

»Und dann winkst du mir von Wolke neun zu?«

»Wieso neun?«

»Wieso nicht?«, frage ich, und sie lächelt verschmitzt.

Und wieder muss ich für längere Zeit Abschied von ihr nehmen.

»Kommst du denn jetzt nie mehr?«, fragt sie mich, und ich frage zurück: »Wie kommst du denn darauf?« In spätestens vier Wochen sei ich wieder da. Und wenn sie mich wirklich brauche, käme ich jederzeit, das wisse sie.

»Ja, ich weiß«, sagt sie. »Und ich drück dir ganz doll die Daumen für dein neues Buch.«

Mehrmals pro Woche rufe ich im Heim an, höre, es gehe ihr gut, sie trinke und esse viel, eigentlich zu viel, bestelle immer eine doppelte Portion. Man könne sich jetzt gut mit ihr unterhalten, sie sei offen, erzähle von sich, von früher, sei friedlich und nicht mehr so herrschsüchtig. Hochlagern und Umlagern liefen jetzt ohne vorherige Diskussion. Überhaupt, sagt die Pflegedienstleiterin, sei die Zeit der Endpflege immer die schönste Zeit, da hörten diese Auseinandersetzungen wie auch das verfluchte Misstrauen auf.

Nach wie vor jeden Donnerstag – wenn nötig auch öfter – sind S. und M. bei ihr. Schreiben oder erzählen mir anschließend, wie sie drauf war, wie sie aussah. Auch mein zweiter Bruder und seine Frau besuchen sie regelmäßig.

»Das Einzige, womit sie alle verrückt macht«, sagt die Pflegedienstleiterin, »ist ihr ständiges Gerede von der amerikanischen Zeit.« Sie habe jetzt drei Uhren an ihrem Bett und müsse diese ständig abgleichen.

Möchte man festhalten an der Zeit, wenn die Zeitlosigkeit einsetzt? Was bedeutet das genau: *Jetzt beginnt eine neue Zeit.*

Ach, hätt' ich noch ein Stündchen Zeit ... fleht der *Jedermann* auf dem Domplatz in Salzburg. Ein für mich unvergessliches Zitat.

In den Jahren, in denen mein Vater diesen *Jedermann* während der Salzburger Festspiele darstellte, gab es einen Familienurlaub in einer großen Villa am Attersee. Von dort fuhr er täglich gegen Abend in die Stadt zur Vorstellung. Ein paarmal durften wir, Benita und seine Kinder, mitkommen. Aber dann setzte ein unwetterartiger Regen ein, ließ Flüsse und Seen anschwellen, über die Ufer treten. Die Straßen verwandelten sich in kleine, milchig weiße Ströme, der Verkehr lag lahm. Mein Vater musste in der Stadt bleiben. Etliche Tage dieser – eine Besonderheit – gemeinsamen Ferien blieb die Familie getrennt.

Neunter Monat

Wieder ruft man mich. Es sei so weit, seit zwei Tagen esse sie nichts mehr, schlafe fast nur noch, und wenn sie wach sei, bete sie laut, endlich sterben zu dürfen. So laut, dass man es auf dem Flur hören könne. Ansonsten verstehe man kaum mehr, was sie sagt. Sie spreche jetzt wohl eine Mischung aus Schwedisch und Deutsch.

Wieder eine Zugfahrt, während der ich hoffe, noch »zur rechten Zeit« anzukommen.

Ich trete an ihr Bett. Sie schläft. Ihr Atem rasselt laut, sie verschluckt sich, wacht kurz auf, hustet, dämmert wieder weg. Ihr Körper ein unförmiger Sack, umhüllt von schlaffer Haut. Ein zu groß gewordener Mantel. Nur ihre rechte Hand ist aufgedunsen, die Haut gespannt, als könne sie jeden Moment platzen. Ich fasse unter die Decke nach ihren Füßen. Sie sind warm.

Ich setzte mich zu ihr, betrachte sie, lausche, zähle die Sekunden, die zwischen Aus- und Einatmen vergehen. Wer mag außer meiner Mutter, Frau O. und mir noch im Zimmer sein? Ich sehe niemanden.

Jedoch Frau O. scheint sie zu sehen. Hektisch fuchteln ihre Unterarme über das Deckbett. »Woher kommen denn all diese Menschen? Sind das denn alle Os.? Und wohin wollen die? Nach Hause? Am besten man hängt sich ein Schild um den Hals, damit man weiß, wohin man gehört. Wir alle leben nur auf einer Linie.«

Meine Mutter wacht auf, hustet laut, scheint mich nicht wahrzunehmen.

Frau O. ruft ihr zu: »Nimm die Hand vor den Mund!«

Dann bemerkt meine Mutter mich, sieht mich ungläubig an: »Bist du da?« Sie scheint gehetzt und voller Angst.

»Ja«, sage ich.

»Bist du wirklich da?«

»Ja!«

»Aus Fleisch und Blut?«

Ich nehme ihre Hand, aber sie wehrt mich ab und befiehlt: »Stell dich da hinten an die Wand!«, und dirigiert mich mit Handbewegungen durch den kleinen Raum.

Frau O. schaut uns entsetzt zu.

Ich verharre mit dem Rücken zu der von ihr bezeichneten Wand zwischen zwei Bilderrahmen mit Fotos von Familie O.

»Nein, nicht da! Weiter nach rechts. Schnell!« Ich bewege mich hin und her, bis die offenbar richtige Position eingenommen ist.

»Stopp!«, ruft sie und wendet sich dann den Unsichtbaren zu: »Können Sie mir bitte ein Zeichen geben. Ich wäre Ihnen sehr dankbar. Ein Zeichen, das ich sehen kann. Und meine Tochter auch. Ich habe nur noch eine Stunde Zeit!« Sie macht eine Pause, horcht und fragt: »Was sagen die?«

»Ich höre nichts.«

»Ein Zeichen, bitte!«

Es bleibt still, nichts verändert sich.

»Siehst du den grünen Kreis an der Decke?«

»Nein, du weißt, dass ich nichts von alldem sehe, was du siehst«, rufe ich ihr zu. Die Deckenlampe leuchtet matt.

»Ja«, drängt sie, »aber das hier ist doch real! Wenn das grüne Licht leuchtet, kommt ein Arzt. Ich bin jetzt dreigeteilt. Das ist besser. Mit dem unteren Teil empfange ich die Meldungen. Ich bin das Missing Link, ich habe eine Rolle übernommen, der ich nicht gerecht werden kann. Ich muss auf einen anderen Esel abladen und sehen, wie ich anständig aus der Sache herauskomme. Ich muss die Namen nennen.«

»Welche Namen?«

»Die richtigen.«

Eine Pflegerin kommt herein und fragt mich, ob ich nicht in die Küche kommen und mit den anderen Mittag essen wolle.

»Gleich«, sage ich.

»Ein Zeichen!«, ruft meine Mutter. »Bitte, geben Sie mir ein Zeichen!«

Was soll ich tun? Ich begreife nicht, was hier vor sich geht. Sehe nichts als das auch mir allmählich vertraute Zimmer, zwei alte Damen in ihren Betten, die Becher, die Bilder, die Fotos, das Waschbecken, das Windelpaket, den Klostuhl.

»Es geht um ein Menschenleben, ich brauche mehr Zeit. Herr Strieper soll kommen und uns ein Zeichen geben! Ich mache die Beine auseinander, dann bin ich angekoppelt an das andere System. Hörst du, die Raumstation hat übernommen. Wir fliegen! Meine Lunge bewegt sich hin und her. Ich sehe Europa. Aber in Skandinavien werde ich nicht landen.«

Ich setze mich wieder an ihr Bett, halte ihre Hand.

»Es geht um einen Säugling, der muss gerettet werden, sonst komme ich ins Gefängnis. Und vorher kann ich nicht sterben. Keinen Embryo! Es lebt!«

Das sind ja Neuigkeiten! Unser Gespräch über ihren Freund fällt mir wieder ein und dass sie vielleicht schwanger war von ihm. *Nein, Altigkeiten,* hatte sie gesagt.

Die Tür geht auf, eine Dame, die ich bisher noch nicht gesehen habe, kommt herein und stellt sich mir als Sterbebegleiterin vor.

»Danke«, sage ich, »wir kommen allein zurecht.« Und wende mich meiner Mutter zu.

Ich taste wieder nach ihren Füßen.

»Was machst du?«, fragt sie mich.

Was soll ich sagen? Ich weiß, dass man von den Füßen her stirbt, dass diese zuerst kalt werden und die Stirn zuletzt. Aber so was sagt man nicht.

Ihre Füße sind immer noch warm.

Wir verabreden, dass ich nicht rund um die Uhr bei ihr sitzen bleibe, sondern nachts nach Hause gehe. Vielleicht, denke ich, möchte sie gar nicht, dass ich dabei bin. Vielleicht möchte sie lieber allein sterben? Oder, wenn die Nachtschwester, ihre Lieblingsschwester, bei ihr ist und ihre Hand hält.

Geschichten über Sterbende fallen mir ein, die ihre Angehörigen sogar aus dem Zimmer wiesen. Ein Ehemann bat seine Frau, ihm einen Kuchen zu backen, und nachdem sie überglücklich – weil er endlich wieder einen Wunsch geäußert hatte – in die Küche gegangen war, schlief er friedlich ein.

Auch S. und M. kommen jetzt täglich. M. sagt, er wolle hier nichts verpassen, es sei, wie man sich zu sterben wünsche: Auch er wolle eines Tages alles bewusst mitbekommen, sei in gewisser Weise sogar neugierig, was noch alles passiere.

»Ihr Lieben, wenn ich euch nicht hätte«, begrüßt meine Mutter die Beiden. Alles werde gut! Das sei wie Fahrradfahren, man müsse es erst lernen. Aber es gehe nicht allein um sie. Es gehe um die ganze Menschheit.

Die Pflegedienstleiterin kommt herein und versichert ihr, die Menschheit käme sehr gut zurecht ohne sie, sie könne ganz beruhigt sein, sie könne jetzt gehen.

»Ja«, sagt meine Mutter, »aber ...«

Die Pflegedienstleiterin streichelt sie, immer dieses *Aber!*, auch das kennt sie gut. »Warum kannst du nicht loslassen, Benita?«

Was für eine Frage!, denke ich.

»Ich weiß nicht«, sagt meine Mutter und sieht verzagt aus.

Die Pflegedienstleiterin verlässt das Zimmer.

Ich streichle meine mit anderen Mächten kämpfende Mutter, und als ich gehe, hebt sie ihre schwere Hand, diese für sie jetzt viel zu schwere Hand, und winkt mir zu.

Am nächsten Tag ist die Schwellung weg, die Hand dünn und knochig. Was ein uralter Körper noch alles kann! Anschwellen, abschwellen, weiß oder rosig aussehen.

Ihre Füße sind warm.

Ich sitze an ihrem Bett, betrachte sie. Ihr Atem geht unendlich schwer. Die Stunden schleichen dahin. Was wohl gerade in dem Haus gegenüber passiert? Vielleicht stirbt auch dort, hinter dem Fenster, gerade ein Mensch? Was weiß man denn davon, was in den Häusern ringsum vor sich geht. Auch diesem kleinen Haus sieht man es von außen nicht an, dass hier andauernd jemand in seinen Ballon steigt und davonfliegt.

Meine Mutter wacht auf und fragt: »Wie lange bist du schon da?«

»Schon eine ganze Weile«, sage ich, »ich habe nicht auf die Uhr gesehen.«

Ich müsse ihr ein bisschen Zeit lassen, sie müsse sich erst sortieren. So viel hänge jetzt von ihr ab. Sie brauche ein Zeichen! Da, ich solle doch genau hinschauen, leuchte ein Kreuz auf. Sie sehe Konturen, Konturen einer neuen Kirche. Das sei eine Minute von Weltbedeutung! Das müsse sie noch durchsagen, und jetzt komme es darauf an, dass ihre Aussage in alle Sprachen übersetzt und dann gesendet würde. Das Polizeisystem sei eingeschaltet. Sie habe jetzt keine Angst mehr, die Namen seien bereits von ihr durchgegeben und in die Adressbücher eingeschrieben worden. Jetzt brauche sie nur noch jemanden, der das versteht.

Zuerst, sagt Swedenborg, *betritt der Abgeschiedene die Geisterwelt, sie ist ein Mittelort zwischen Himmel und Hölle, ein Mittelzustand…*

»Hilf mir! Bitte! Ich kann nicht mehr!« Ich streichle ihre Hand, ihren Arm. Jemand müsse kommen und mittragen.

»Ich wollte, ich könnte dir helfen«, sage ich, »bloß wie?«

»Du musst abwarten, damit ich hören kann, was man mir befielt. Mach das Licht an.«

So geht es weiter. Stundenlang. Zwischendurch driftet sie weg. Liegt da mit offenem Mund. Schnauft.

Und Frau O. plappert leise in ihrem Bett: »Komm mir nicht mit einem Hut, sonst gibt's was auf die Schnut!«

Als die Pflegerin kommt und zu ihr sagt, sie solle jetzt mal schlafen, kontert sie: »Klar werde ich schlafen. Ihr werdet sehen, wie schön ich schlafe oder auch nicht.«

Am anderen Tag begrüßt mich meine Mutter mit dem Satz: »Das ist ein Theater! Erst piept ein Vogel, dann gehen die Beine auseinander, und dann funktioniert's.«

»Was?«, frage ich amüsiert.

»Das Uringeschäft.« Aber das andere Wort habe sie vergessen.

»Welches Wort?«, frage ich.

Was man sage, wenn man aufs Klo müsse. Sie sei eben Ausländerin, keiner hier verstünde sie.

Dann beginnt wieder die Jagd. Dass noch jemand kommen werde, dass sie auf ein Zeichen warte, dass sie noch so viel zu erledigen habe. Und dass ein Säugling gerettet werden müsse. Ob man sie wohl höre?

Ich hole meine kleine Kamera aus der Tasche und sage ihr, sie solle alles, was ihr wichtig sei, da hineinsprechen, es werde gehört, irgendwo. Trotz aller Not scheint sie erleichtert zu sein und redet los, redet und redet ...

Fast zwei Jahre später erst schaffe ich es, mir diese kleinen Videos anzusehen. Sehe, wie sie daliegt, verzweifelt fordernd in die Kamera blickt, höre ihre brüchige Stimme. Wie sie monologisiert, wie sie bittet, wartet, horcht und immer wieder zu mir schaut und mich fragt: »Hast du das?«

Röcheln. Schlafen.

Dann rast sie wieder, meint, jetzt beginne der Krimi, sie finde sich nicht mehr zurecht, wisse nicht, was los sei, sie sei in der Nacht von dem System abgekoppelt worden. Das Bett wackelt, so sehr reißt es sie hin. So heftig atmet sie. Aus und ein. Ein und aus.

»Sprich was, ein Gebet! Ich möchte deine Stimme hören«, sagt sie und nennt mich mit meinem Kosenamen, mit dem sie mich nannte, als ich ein kleines Mädchen war.

Ich nehme allen Mut zusammen, stelle mich an das Fußende ihres Bettes und spreche laut: den Johannes-Prolog, das Vaterunser, Psalmen. Alles, was ich noch aus meinem einmal religiösen Leben in Erinnerung habe und auswendig weiß. Sie schaut mich an, unterbricht ihren Redestrom, stellt ihre Befehle ein. Die Angst lässt offenbar nach.

Sprache! Das Wort! Welche Kraft!

Nur wer sprechen kann, meistert sein Leben. Das war ihre Devise. Deshalb hatte sie keine Ruhe gegeben und stumme Kinder zum Sprechen gebracht.

»Etwas läuft hinter meinem Rücken entlang«, ruft meine Mutter. »Ich weiß nicht, was das ist.«

Ich spreche, so laut ich kann. »*Aber die Finsternis hat es nicht begriffen.*«

»Stopp!«, ruft sie, wiederholt diesen Satz und stellt fest, hier täten sich komische Dinge. Eben sei einer mit einem Lacher beiseitegehüpft.

Wieder geht die Tür auf. Die Schwester bringt Frau O. ein Tablett. Kaffee und Kuchen. Sie reden und lachen miteinander. Die Tür geht wieder zu. Ich fahre fort.

Später erklärt mir meine Mutter: »Das war ein Daimon.«

»Wer?«, frage ich. Hat sie wirklich Daimon gesagt?

»Zu Deutsch: Dämon!«, schreit sie mich an.

»Kann man das denn nicht stoppen?«, frage ich.

»Du schon«, sagt sie, »weil du es nicht akzeptierst.« Wie sollte ich?

Ich sage ihr, ich ginge jetzt mal raus, um zu fragen, ob heute noch etwas angesagt sei, kehre nach einer Weile ins Zimmer zurück und bestelle ihr, heute käme keiner mehr, sie könne jetzt Ruhe geben. Daraufhin sagt sie kalt: »Dann hau ab!«

Verbotene Gedanken: Ich kann nur weiterleben, wenn du gestorben bist. Bitte, stirb, damit ich weiterleben kann. Ich bin hier nur die komische Figur. Soll ich dich allein lassen oder nicht? Man bittet, man betet und wird nicht erhört. Was weiß ich von dir, Benita Sophie? Ich bin deine Tochter, ja, aber was habe ich mit deinem Sterben zu tun? Wenn man tot ist, hört das Verwandtsein auf. Du hast mich gebeten, Sorge zu tragen, für dich zu entscheiden, wenn du eines Tages dazu nicht mehr in der Lage sein solltest. Aber ich kann es nicht, weil alles Rätsel ist und alles, was ich tue, wahrscheinlich falsch ist.

Am folgenden Tag:

Sie lebt, atmet laut, der ganze Körper atmet mit, ihr Bett schwankt. Im Rhythmus ihres Atems. Draußen fährt ein Krankenwagen vorbei, das Blaulicht geistert durchs Zimmer.

»Es geht um einen Säugling. Er muss gerettet werden! Herr Strieper soll kommen, das ist lebensnotwendig!«, fleht meine Mutter.

Frau O. schreit: »O Gott, hoffentlich holen sie jetzt nicht meine Mami! Ich brauch auch was Rotes. Schön zart und apart. Und einen liebevollen Mann für ein paar Stunden im Jahr.« Und dann singt sie wieder ihr Lieblingslied: *Deine Hand in meine Hand …*, stoppt und setzt fort: »Du musst ja auch wissen, wie er geformt ist«, stoppt wieder, tadelt sich: »Ach du, du bist ja schon wieder so deutlich«, bescheidet sich: »Ich liebe die Blumen und ein Küsschen, das genügt mir. Wo kommen denn bloß diese Menschenmassen her? Ich hab alles, was die Kuh so hergibt, Hals- und Kopfschmerzen.«

Ich verlasse das Zimmer, klopfe an die Tür des Heimleiters und frage, ob es nicht möglich sei, einen Paravent zwischen die Betten zu stellen, es würde mir jetzt doch zu laut. Meine Mutter brauche Ruhe. Frau O. plappere immerzu, und mitten im Vaterunser werde Kuchen gebracht. »Wie soll man hier denn sterben?«

Braucht man das, Ruhe zum Sterben? Abgeschirmte Räume, Paravents? Wer will das wissen? Vielleicht spielt das alles irgendwann keine Rolle mehr, weil, was man dann erlebt, viel lauter, tosender, ergreifender ist als alles, was man bisher erlebt hat. Vielleicht wird man weggezogen, fortgerissen von Trommeln und Rauch, im Tumult der *versammelten Toten*?

Als sich M. an diesem Abend beim Abschied über sie beugt, gibt sie ihm einen kuriosen Befehl. S., die neben ihm steht, und auch ich, bereits an der Tür, können uns kaum halten vor Lachen. So was! Und ich bin mir sicher, dass keiner von uns den genauen Wortlaut vergessen wird. Und also schreibe ich ihn nicht auf.

Wir verlassen ihr Zimmer, gehen fort, gehen essen. Versuchen, uns Mut zuzusprechen, um auszuhalten, was hier seit Tagen vor sich geht, was niemand versteht und wovon niemand weiß, wie lange es noch dauern wird. Sie hat sämtliche Prognosen widerlegt, den Pfarrer, die Pflegerinnen, den Arzt und sogar den Heiler frappiert, den ich tags zuvor gebeten hatte, noch einmal vorbeizuschauen.

Während des Essens frage ich die Beiden: »Was genau hat sie vorhin noch gesagt?« Und sie sehen sich an, überlegen eine Weile und können sich nicht erinnern.

Dass dieser Satz der letzte war, den meine Mutter zu einem von uns sprach, in einer uns verständlichen Sprache sprach, ahnen wir nicht. Er war so unglaublich komisch und gerade deshalb so kostbar. Aber keinem von uns ist er je wieder eingefallen.

Ab dem darauf folgenden Tag spricht sie nur noch schwedisch. Streitet, droht, erteilt Befehle. An die, die um ihr Bett stehen und die keiner von uns sieht. *Die versammelten Toten.* Und ich stelle mich unter sie, so wie unter die jungen Männer, damals, vor genau neun Monaten, auf dem *Djemaa el Fna*, höre die Flöten, die Trommeln, sehe die Rauchschwaden, den Geschichtenerzähler, sein gezacktes Profil, die vielen Schatten. Vielleicht ist die *andere Welt* ja ganz nah?

Drei Tage später starb sie. Am frühen Vormittag. Die Pflegedienstleiterin war bei ihr, saß an ihrem Bett und las in ihrem Buch. Frau O. hatten sie aus dem Zimmer gebracht.

Als ich kam, lag sie da in ihrem rosa Hemd, mit offenem Mund, zart und durchsichtig. Um sie herum Blumen. Und Ruhe.

S. und M. kamen, dann meine Freundin aus Kiel und beteten für sie ein Vaterunser auf Schwedisch. Und irgendwann kamen auch die anderen und alles, was getan sein muss, wenn ein Mensch gestorben ist, wurde getan.

M. und ich schauten den Bestattern zu, wie sie das Laken an vier Enden fassten und ihren so krumm, so klein gewordenen Körper aus dem Bett in den Sarg hoben. Einen Augenblick lang schwebte sie.

Drei Tage lag sie unter ihrer Kirche aufgebahrt, dann schlossen wir den Sarg und feierten ein Abschiedsfest, keine Trauerfeier – und der Pfarrer hielt eine kurze Rede. Alles, wie sie es sich gewünscht hatte.

Zwei Tage später saßen H. und ich im Zug und fuhren zurück nach Freiburg. Im Morgendunst über der Elbe verschwanden die Hamburger Kirchtürme.

Und als ich einen Monat später das Konto meiner Mutter aufgelöst hatte, nahm die Bankangestellte eine Schere, zerschnitt die letzte auf ihren Namen ausgestellte Scheckkarte, blickte kurz auf und sagte: »Das war's dann auch schon.«